蕩尽する中世

本郷恵子

新潮選書

目次

蕩尽する中世

はじめに

　職場へむかう最寄り駅を出たすぐのところに、水引細工の店がある。何年も前にビルに建て替えてしまったのだが、それ以前には、店先で仕事をしている様子が毎朝目にはいったものだった。店の人たちが、色とりどりの水引をさばいていく手際のみごとさや、ガラスケースに並べられた見本のしゃっきりとした美しさに感心しつつ、実のところ何のためのものなのか、よくわからなかった記憶がある。

　とはいいながら、私も、はるか昔に華燭の典を催した折には、結納などもお約束の手順にのっとって粛々と行い、水引細工のお世話になった。美しい水引で飾られた結納セットをとりかわし、生まれてはじめてダイヤの指輪ももらえたし、おご馳走もいただけて、私はかなり満足であった。だが困ったのはあとの始末で、おそらく今でも水引や奉書紙一式を納めた箱が、実家のどこかにしまってあると思う。

　冠婚葬祭や年中行事には、いわゆる縁起物がついてまわる。年頭の正月飾りなどが典型的な例だろう。年の瀬になると毎年同じような場所に屋台が出て、さまざまなお飾りが並べられる。けっして安いものではないが、毎年の習慣になっているので、買わないと悪いことが起きそうな気がする。これもまた困るのは、松の内が過ぎて、はずしてからの扱いである。居間に置いておいたら、飼い猫に昆布の部分をかじられたこともあった。近くの神社のお焚きあげにもっていけばいいのだろうが、ついつい後回しになって、一年後に簞笥の上で発見されたりすることになる。ほんの数時間、長くても数日しか用いることのないこのような縁起物を、私たちはなぜ必要とするのだろうか。

もっと大がかりな例としては、各地で行なわれる祭礼がある。長い期間にわたって周到に準備し、祭りの当日は豪華な神輿や山車をくりだし、祭礼の参加者や見物客をもてなす。数年に一度の大礼に備えるために地域限定の積立金の制度が設けられ、危険をともなう行事に、ほとんど命がけで参加するケースもある。より多くの労力をつぎ込み、盛大で豪華なイベントを達成すればするほど、信仰の深さや、共同体への帰属の強さが証明される仕組みだといえよう。成果や見返りを求めないからこそ、その気持ちの純粋さを神に認めてもらえるのである。

労力や経済力を費やし、ときには心身を滅ぼすようなリスクまでおかしながら、形になる成果を期待しないこと、あるいは故意に成果を残さないこと――〝蕩尽〟あるいは〝消尽〟と表現できる行為は、歴史のなかで連綿とした系譜をもっている。ジョルジュ・バタイユはその著書『呪われた部分』において、経済現象を全般的に考察する「普遍経済」を提唱し、以下のように述べた。人間は地球上で活動するなかで、その生命維持に必要とされる以上のエネルギーを太陽から与えられる。生産や成長のために使用されえない過剰なエネルギーは何らかの方法で消尽されなければならない。消尽の手段としては供犠・教会の建設・財宝の贈与などが実施されるが、適切な消尽が行われず、過剰エネルギーが暴走して破局的手段をとるのが戦争である。

一九四九年刊行の同書は、第二次世界大戦とそれに続く米ソ対立から生まれる最終戦争の脅威のなかで構想された。人類の利益にあきらかに反する愚挙へと駆り立てる、いわば歴史的衝動こそが「呪われた部分」であろう。その反面、すべての蕩尽的な要素——祝祭や奢侈、儀礼や娯楽等を排した状況は、平板にすぎるだろうし、あるいは管理者（支配者？）の手で、適当な規模の祝祭が、適当なタイミングで供給される社会というのもぞっとしない。バタイユによれば「太陽は返報なしにエネルギーを—富を—配分する。太陽は与えるだけでけっして受け取らない」のだが、今日の世界では、人間があまり無茶をするので、太陽と地球との関係までもが損なわれることになっている。

荘園公領制の成立による富の創出、武士の進出による戦乱の時代の幕開け、そして権力の分裂による統一政権の不在という日本中世を規定する条件は、富を再生産や再配分に向けるのではなく、蕩尽する道をひらいた。富の蕩尽は、富の偏在と同義である。大規模な寺院の造営、精緻にして豪奢な工芸品の制作、権威を維持するための破格の散財が行われる一方で、日々の暮らしにあえぐ者がおり、必要な物資が届かない地域間の懸隔があった。蕩尽されたのは富ばかりではなく、生きるための人々の活動も消耗戦の様相を呈しており、まさに「呪われた」としか言いようのない一面を持っていたのである。

呪われてはいても、蕩尽は創造力の源泉である。天災に見舞われ、戦乱に蹂躙されるなかから、人々は確実に新しい仕組みを案出し、成長への道をひらいていった。本書は、中世に生きる人々と富との関係、蕩尽と消耗の実態をあきらかにし、彼らが再生産構造の構築を模索する過程をともに歩こうとするものである。小市民的な道徳に飼い馴らされ、バタイユ言うところの「惨めったらしい貯蓄」に励んだり、「自分にご褒美」なるつましい贅沢に手を出したりしている私たちにとっては、なかなか刺激的な体験になるのではないだろうか。

第一章　限りなく消費する――院政期

受領のユートピア

めでたいもの尽くし

黄金の中山に、鶴と亀とは物語り、仙人童の密かに立ち聞けば、殿は受領《ずりょう》に成り給ふ

治承《じしょう》年間（一一七七〜八一）の成立とされる『梁塵秘抄《りょうじんひしょう》』のなかの一首である。黄金の島蓬莱《ほうらい》山《さん》で、鶴と亀とがなにごとか話している。仙人の侍童がこっそり聞いてみると、「殿さまは受領になられたそうだ」と言っているのだった。

蓬莱山は古代中国の神仙思想から生まれた理想郷である。はるか東の海上で霊亀という巨大な亀の背中に乗っており、不老不死の仙人が住むと考えられていた。黄金に輝く蓬莱山、そこで語り合う鶴と亀、仙人に仕える童がちょこちょこ動き回る様子など、おめでたいイメージが何層にも重ねられた、幸運を呼びこむ予祝歌である。不老長寿・富貴などを願う気持ちがこめられたものだが、その落ちにあたる部分に「受領」が配されている。架空の理想郷と対置されるものとして、現実世界での豊かさや幸運をあらわすのが「受領に任命される」ことであった。

受領がゆく　『因幡堂縁起』には任地へと向かう国司一行の姿が描かれている
『新修　日本絵巻物全集30』(角川書店)より

「受領」という言葉は、朝廷において新任の役職者が、前任者から事務引継ぎを受けることを意味する(前任者から見た場合には、後任の者に「分附《ぶんぷ》」するという)。なかでも諸国を支配する国司《こくし》の交替の際の引継ぎは重要で、租税の未納や、国庫に蓄積された資産の多寡などをめぐって紛糾することも多かった。そのため「受領」は、もっぱら国司交替に関わる用語となり、次第に、諸国の現地を支配する責任者その人が「受領」と呼ばれるようになっていったのである。受領は地方の富を思うままにする、富裕を体現する存在であった。

不老不死から金の真砂《まさご》へ

さて、上記の歌は、『梁塵秘抄』の「雑」の分類の最初に配された「祝七首」のなかに含まれる。神仙思想を歌謡で表現し、吉事を呼び込もうとする一連の作品で、その第一の歌はつぎのようなものである。

万劫《まんごう》年経る亀山の、下は泉の深ければ、苔生す岩屋に松生ひて、梢に鶴こそ遊ぶなれ無限に齢を重ねた亀、深く澄んだ泉、苔むす岩屋と松など、不老不死や限りない継続・安定を示す景物がならび、最後に「松の梢で遊ぶ鶴」が登場して、動きを添える。そして二首め以降、亀の背中を洗う沖の浪、遥かにそびえる蓬萊山へと、視点はより遠くを見通していく。また、海に遊び、巌《いわお》になじむ亀の長寿を、「譲る譲る君に皆譲る」と、現実の人の寿命に転化する呪文めいた句があらわれる。そして「仙人童を鶴に乗せて、太子を迎へて遊ばばや」（仙人童を鶴に乗せて、仙人王子をお迎えして遊ばせよう）と、海・蓬萊山から空への飛翔が歌われて、一気に空間がひろがる。不動・無限を土台にして、飛行や童子という未知の活力が示されたさきの第五首めとして登場するのが、はじめに掲げた「殿は受領に成り給ふ」の歌である。

虚構のユートピアを描くだけにとどまらず、俗世の話題につなげていくところは、人間味溢れる今様《いまよう》ならではの展開といえよう。さらに、くりかえし描かれた海に遊ぶ亀の姿は、六首めでは池や遣水《やりみず》をそなえた庭園の想起へとつながっていく。

須弥を遥かに照らす月、蓮《はちす》の池にぞ宿るめる、宝光渚に寄る亀は、劫を経てこそ遊ぶなれ

そして、最後に置かれるのが次の一首。

御前《おまえ》の遣水に、妙絶金宝なる砂《いさご》有り、真砂有り、砂の真砂の半天の巌と成らむ世まで、君は坐《おわ》しませ

金の砂の敷かれた庭園を持つ御所で、支配者である「君」の末永い治世を寿いで、「祝七首」の神仙シリーズは閉じられる。富と永遠のユートピアは、「受領」と「君」を介することによって現世と接続する。中世社会は、豊饒にして肯定的な世界観のなかに生れ落ちたのである。

受領は倒るるところに土をも摑め

受領と呼ばれる国司の型は、九世紀末ごろからあらわれる。諸国から中央に納入される調庸《ちょうよう》等の貢進物の未進が恒常化したため、国司は中央に対して一定額の租税を請け負う、いわば徴税請負人として位置づけられるようになった。受領は自らの責任で任国を支配・経営し、朝廷への納入物を確保するとともに、さらに多くを徴収して富を蓄えようとした。その強欲ぶりを描き出したのが、『今昔物語集』巻二十八「信濃守藤原陳忠《しなののかみふじわらののぶただ》、御坂《みさか》に落ち入ること」である。少し長くなるが、現代語にして読んでみよう。

信濃守藤原陳忠は、四年の任期を終え、京都に帰還する途次にあった。ところが信濃と美濃の境の神坂《みさか》峠を通過するところで、乗っていた馬が脚を踏み外し、谷底へ転落してしまった。郎等たちが上から覗くと、はるか下に大きな木々の枝が張り出し、谷の深さははかりしれず、とても助かるとは思えない。ところが、底の方から何か叫ぶ声がかすかに聞こえてくる。よくよく聞いてみると、「旅籠《はたご》（旅行用の籠）に縄を長くつけて下ろせ」と言っている。

そこで馬の手綱をつなぎあわせて下ろしたところ、今度は「引き揚げろ」と言う。引き揚げてみると妙に軽い。不思議に思っていると、旅籠いっぱいに平茸が入っていた。皆が顔を見合わせていると、「もう一度下ろせ」と声がする。今度は陳忠自身が乗り込んで引き揚げられたが、片手で縄を摑み、もう片方には三束ばかりの平茸を握っていた。

主人が無事だったので、郎等たちは喜び、「そもそもこれはどういう平茸でございますか」と尋ねた。陳忠は次のように答えた。

「木の枝の茂った上に落ちたので、枝につかまりながら降りていって、大きな二股の木にしがみついて助けを待つことにした。その木に平茸がたくさん生えていたので、手当たり次第に採って旅籠に入れて上にあげたのだ。まだたくさん残っているはずだ。ああもったいない、ひどく損した気分だ」

郎等たちは「それはもったいないことでございました」と答えて笑ったが、陳忠は「お前ら、簡単に言うな。宝の山に入って、空手で出てきたような気持ちだ。『受領は倒るるところに土をも摑め』というではないか」と怒ったという。

「もったいない」と不機嫌な陳忠に対して、年長の目代《もくだい》（国司の代官）は心のなかで苦々しく思いながらも、適当にあしらう。話の最後は、これほどの危ない目にあいながら、慌てず騒がず、まず平茸を採ろうとする態度は普通ではない、国司の在任期間中に、どれほどの過酷な徴税を行なって私腹を肥やしたか、おしてはかるべしだと結ばれる。

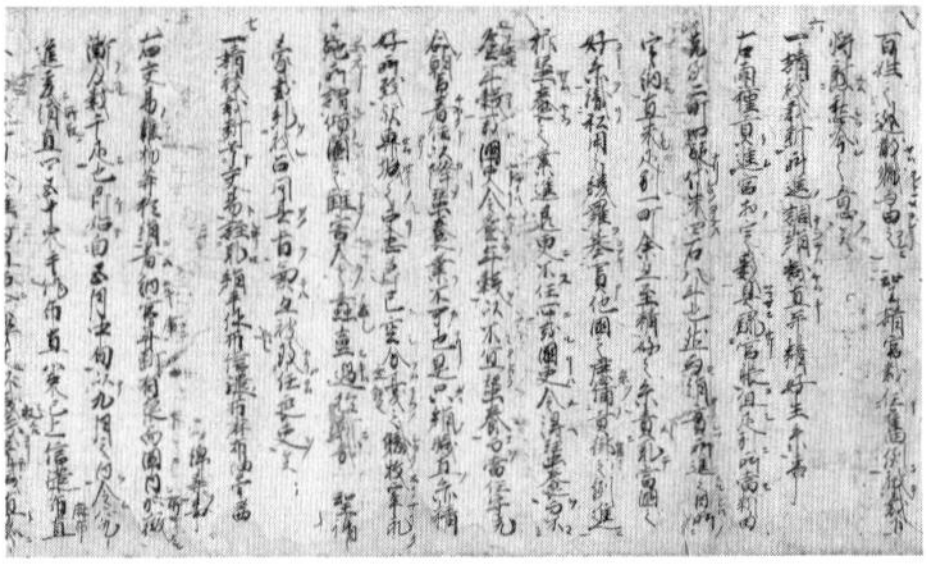

尾張国郡司百姓等解文　この第六条では国司による絹布や生糸の不当な収納を訴えている　東京大学史料編纂所蔵

この説話のねらいは、受領の強欲・貪欲を示し、揶揄するところにあるわけだが、一方で、地方の自然の豊かさを語る内容にもなっている。誰も降りてこられないような崖下に、食用になる茸がいっぱいに生えているのだ。気づかれることなく、そのまま朽ちていくだけの過剰なめぐみが、地方のいたるところに与えられていた。受領は、これらを手当たり次第に摑み取ればよかったのである。陳忠の言うように地方は「宝の山」であり、この宝を都に運ぶのが受領の役割だった。

藤原陳忠は、藤原南家《なんけ》（藤原不比等の四人の男子のうち武智麻呂を祖とする一族）の出身で、元方《もとかた》の息子。姉妹は村上天皇（延長四〈九二六〉～康保《こうほう》四〈九六七〉年）の後宮にはいって広平《ひろひら》親王（天暦《てんりゃく》四〈九五〇〉～天禄二〈九七二〉年）を生んでいる。

彼の活動期とほぼ同時代にあたる十世紀後半には、諸国の郡司《ぐんじ》・百姓等の現地有力者が、支配者である受領国司の苛政や収奪を中央に訴えることが盛んに行なわれた。代表的なものが、永延二年（九八八）に、国司藤原元命《もとなが》を訴えた「尾張国郡司百姓等解文《おわりのくにぐんじひゃくしょうらのげぶみ》」である。中央から派遣されて地方の富を摑み取りする受領と、現地で農業経営をになう人々との軋轢が表面化した事態であった。

利仁《りじん》将軍の芋粥

地方の豊かさを語る説話として、もうひとつあげることができるのが、芥川龍之介によって小説化された利仁将軍と芋粥の話だろう。『今昔物語集』『宇治拾遺物語』などの説話集に採録されたものである。藤原利仁《としひと》は十世紀前半に活躍した人物で、下総《しもうさ》・武蔵などの国司を歴任したほか、群盗の鎮圧などで名を成し、鎮守府将軍に任じられた。平安時代の代表的な武人として伝説化され、多くの説話に登場するが、なかでも芋粥の話は、彼のスケールの大きさを語っていて著名である。ここでは『今昔物語集』巻二十六「利仁将軍《としひとのしょうぐん》若き時、京より敦賀に五位を将行《いてゆく》こと」に拠って見てみよう。

利仁将軍は若いころ摂関家に仕えていた。一方で越前の国の富裕な人の婿となっていたので、ふだんは越前に住んでいた。

さて摂関家で正月の大饗《だいきょう》(大臣家が廷臣らを招いて行った宴会)を催した際、ご馳走の残りが侍《さむらい》達に下された。そのなかの、同家に長年仕えて、しかるべき地位を占めていた五位の侍が、美味そうに芋粥をすすりながら言った。「ああ、芋粥を飽きるほど食べてみたいなあ」。これを聞いた利仁は「それでは、飽きさせてさしあげましょう」と応じ、数日後に、「さあ、一緒にいらっしゃい」と侍を誘いに来た。そこで二人は馬に乗ってでかけたのである。

侍が連れて行かれた先は、敦賀の利仁の舅の屋敷である。屋敷には多くの人が立ち働き、衣食住すべてが満ち足りて、非常に快適だった。暖かい夜具に、お伽の女性までつけてもらって、さて寝ようかと思っていると、なにごとか呼ばわる声がする。「このあたりの下人はよく聞け。明日の朝早く、切り口三寸、長さ五尺の山芋をひとり一本ずつ持って来るように」。夜があけて外を見てみると、庭に長筵が四、五枚敷いてあり、人がやってきては、山芋を置いていく。昼近くまでには建物と同じくらいの高さに積み重なった。びっくりしているうちに、今度は大釜をいくつも据え、下働きの男女が山芋を煮始めた。しばらくして「芋粥ができあがりました」と言って、大きな器に入れて持ってきたが、侍はもう胸がいっぱいである。少ししか食べられず、「もうたくさんです」と言うと、集まった人々は、「お客人のおかげで芋粥のお相伴だ」などと笑いあった。

侍は一カ月ほども滞在して楽しく過ごし、装束や、絹・綾・綿などのお土産を山ほどもらって京に帰ってきた。まことに真面目にお勤めに励んだ者は、思いがけない幸運に恵まれるものだ。

この説話は、多くの興味深い要素を含んでいる。利仁将軍はオカルティックな力を持つ人物で(舅の屋敷が近づくと、彼は狐を捕えて先触れをするように言い含める)、敦賀の屋敷には、食物・調度・衣類等がふんだんに用意され、「人呼《ひとよび》の岳《おか》」という小高いところから声の届く範囲のすべての住人が、利仁の命令に従う。一方で主人公の侍は、主人の屋敷に住み込みで仕え、着古した狩衣《かりぎぬ》に裾の破れた指貫《さしぬき》で鼻水をすすっている風采のあがらない男である。芋粥は、山芋を甘葛《あまずら》の汁で煮たお汁粉のようなもの。侍にとっては、めったに食べられないご馳走だが、敦賀の舅は「そんなつまらないものが、お好きだとは」と言って笑う。

侍は摂関家という最高位の貴族の仕人だし、五位の位を持っているのは、特別な家柄の出身でない者にとっては、最高の出世である。彼は都では、それほど悪い位置にいるわけではないのだ。だがこの説話のなかでは、敦賀の人々の豊かさに比して、侍はいかにもみすぼらしい。自然のただなかでの生活と、そこから切り離されている者との格差、自然のめぐみが均等にいきわたらず、大きな偏差が生まれている状況をみることができる。侍の眼を通してみた敦賀の地は、あたかも魔法の庭のようである。

敦賀の山芋は、京都の侍がやって来なければ、誰にも掘られず、土の下で朽ちていくだけであろう。前出の平茸と同じである。受領はお伽話めいた地方の豊かさを、現実へと転換させ、需要のあるところへ余剰を運ぶ役割をになった。地方の「宝の山」「黄金の山」は、どのように都にましますす「君」に接続し、その栄華を実現したのだろうか。

白河院と受領

受領はその財力を用いて、摂関家や有力貴族らにさまざまな奉仕を行った。任国の産物を献納したり、屋敷や持仏堂の建設を担当するなど、政権担当者の格式と豪奢な暮らしを支えたのである。摂関家等も、これに応えて重任《ちょうにん》(受領の再任)や官職への叙任など、人事上の便宜をはかった。

だが、院政の開始とともに、受領の奉仕はさらなる拡大を遂げる。白河天皇(天喜《てんき》元〈一〇五三）～大治《だいじ》四〈一一二九〉年）は、応徳三年〈一〇八六〉十一月二十六日、八歳の善仁《たるひと》親王に皇太子宣下を行い、その日のうちに譲位・新帝の践祚《せんそ》（践祚は天皇の位を受け継ぐこと。その後一定の準備期間を経て即位式を挙行する）を実施した。手続きとしてはかなりの荒業だが、これによって堀河天皇が誕生した。上皇となった白河は、幼い天皇を後見して自ら政務をとった。院政の開始である。「院」は、もともとは上皇（譲位した天皇、太上《だいじょう》天皇）の御所のことだが、次第に上皇自身を意味する語として、一般に用いられるようになったものである。白河院は七十七歳の長寿を誇り、堀河・鳥羽・崇徳《すとく》の三代の天皇を擁し、十一世紀末から十二世紀始めにかけて、実に四十三年の長きにわたる院政を敷いた。白河院の急死を聞いた大納言藤原宗忠は、その政治を「意に任せ、法に拘わらず除目《じもく》・叙位を行い給う（中略）理非決断、賞罰分明、愛悪《あいお》を掲焉《けちえん》にして、貧富顕然なり。男女のことさらなる寵多きによりて、すでに天下の品秩《ほんちつ》を破るなり」（『中右記《ちゅうゆうき》』大治四年七月七日条）と評した。是非の判断や賞罰の決定、人の好悪がはっきりしており、自分の思い通りに人事を行い、寵愛する人々を優遇したために、（前例や家柄等によって構築されていた、従来の）天下の秩序を破ることになったというのである。人事権を独占し、自分の判断や好悪のみに従って政治を動かすのが、白河院のやりかただった。

藤原宗忠は、また白河院の政治のなかで前代未聞だったこととして、以下の項目を挙げた（『中右記』同年七月十五日条裏書）。

莫大な額の受領の功が進上されたこと

十歳あまりの子供を受領の地位に就けたこと
三十カ国あまりについて、受領を固定したこと
近親者三、四人を同時に受領に任じたこと
諸国の国司が、神社・仏寺へ納入物を支払わなかったこと
天下の過差（贅沢）が日ごとに倍増し、金銀錦繡が下女の装束となったこと
出家したが受戒はしなかったこと

右のほとんどが受領に関する事柄である。「院」は朝廷の公式の制度にとらわれない存在として、独自の近臣団を組織し、とくに受領人事については専権をふるった。気に入りの近臣を受領に任ずるだけでなく、その親類や幼い子供にまで受領の地位を与え、事実上、院近臣が複数の国の受領を長期間独占するような事態を招いた。彼らは、任国から得た富をもっぱら院への奉仕につぎこんだ。都には、それまでとは桁違いの規模の「受領の功」（受領に任命されるのと引き換えに上納する財物）がもたらされ、いわば未曾有のバブル景気が出現したのである。一方では、諸国に設定された寺社への納入物等はかえりみられず、寺社による荘園開発を促す一因となった。

藤原宗忠　『天子摂関御影』
宮内庁三の丸尚蔵館蔵

『梁塵秘抄』に歌われた金の真砂の庭園は、受領が運ぶ富によって造られ、そこに君臨する「君」こそが白

河院だった。彼は、地方支配のための国政上の役職であった国司の地位を、院が一手に分配する巨大な利権に変えてしまったのである。

天下の過差

受領の働きによって、京都における資金や物資の流通量は一挙に増大した。前掲の藤原宗忠の日記『中右記』によれば、目にあまる贅沢な風俗が生み出されたというが、それは付随的な現象に過ぎないだろう。受領が諸国で摑み取ってきた富の多くは、都の院の手によって寺院や仏像に形を変えた。『中右記』は白河院の葬礼の記事とともに、「院の生前の善根」として以下のような一覧を掲げている（大治四年七月十五日条）。

絵像五千四百七十余体、
生丈仏《しょうじょうぶつ》五体、丈六《じょうろく》百廿七体、
半丈六六体、
等身三千百五十体、
三尺以下二千九百卅余体、
堂七宇、塔二十一基、小塔四十四万六千六百卅余基、
金泥一切経書写、

釈迦の身長が一丈六尺（約四・八メートル）といわれるところから、その像高の仏像を丈六という（半分の八尺の坐像も含まれる）。生丈六《しょうじょうろく》はその倍、半丈六は半分、等身は人と同じ大きさの仏像である。白河院は膨大な数の仏画や仏像を製作させ、堂塔の建立にも積極的だった。まさに過剰というべき精力・財力をつぎこんだのである。なかでも特筆すべきは、白河の地（現在の京都市左京区岡崎）に建設された御願寺群で、寺名に「勝」の字のつく六つの寺が次々に建立され、六《りく》勝寺《しょうじ》と総称された。承保《じょうほう》二年（一〇七五）に、まだ天皇であった白河が法勝寺《ほっしょうじ》の造営を始めたのが最初で、そのなかに建てられた八角九重塔は、高さ八十メートルの威容を誇り、都のランドマークとして人々の眼を驚かせたのである。

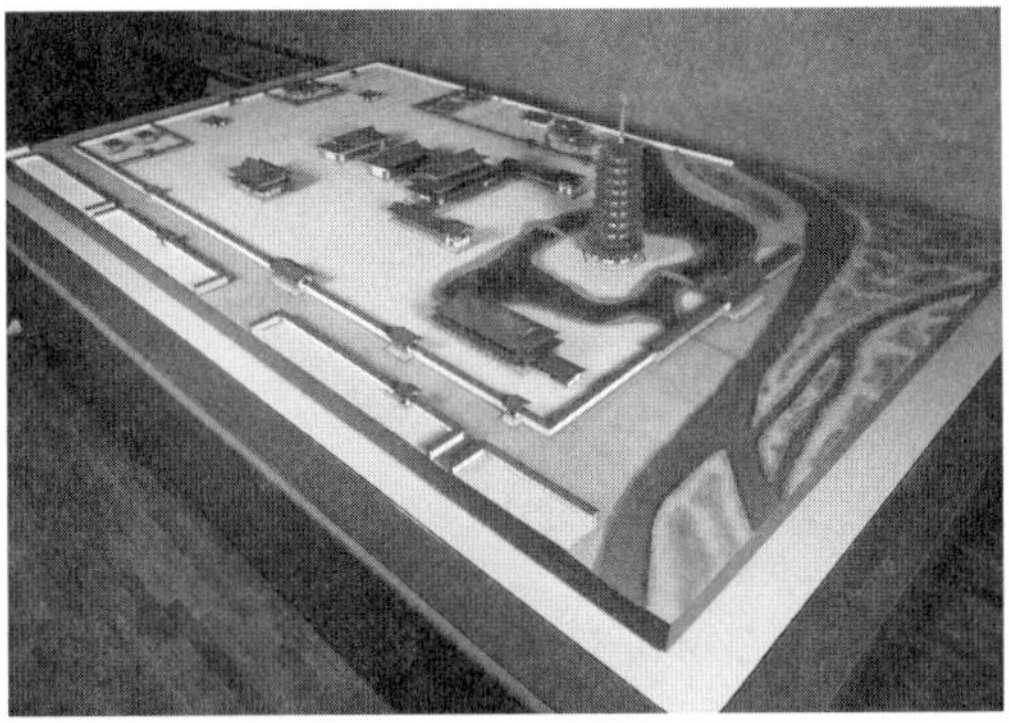

法勝寺復元模型　九重塔は京の都を睥睨するスカイツリーだった
現在は市立動物園のある辺り、右手が白川　京都市歴史資料館蔵

　摂関家の一員である僧慈円（久寿《きゅうじゅ》二〈一一五五〉～嘉禄《かろく》元〈一二二五〉年）は、歴史書『愚管抄』に、「白河ニ法勝寺タテラレテ、国王ノウヂデラニコレヲモテナサレケル」と記した。法勝寺は「国王」として絶大な権力をふるう白河院の父権のもとに集う皇室メンバーのための「氏寺」の役割を果した。これらの造営事業や、そこで催される大規模な法会は、受領の経済的奉仕によって支えられ、最新の建築技術と最高の美意識、全国あるいは海外から取り寄せられた資材を結集して実施されたのである。

宗教的事業という、批判の余地がなく、しかも無限に拡大可能な目的を与えられ、地方の富(「宝の山」)を活性化させて都の「君」へと運ぶ活動は、ますます勢いを増し、院の権威のさらなる上昇をまねいた。院の権力は、諸国の富を集め、蕩尽する装置として機能したのである。蕩尽という出口を見出したことによって、富の流通量は飛躍的に増大し、社会全体が新しい時代に向って規模を拡大していった。

中世はどのように始まったのか

「幽玄の境」から政治の主導者に

本書が語ろうとするのは、中世の社会と人々の営み、そして約四〇〇年間にわたる富のあり方の変遷である。この時代における最大の事件は武家政権の成立、すなわち鎌倉幕府の出現だが、現在の歴史学研究において、中世という時代区分の開始は、それよりも百年以上前に置かれている。その指標とされるのは、院政の開始と荘園公領制の成立である。

治暦《じりゃく》四年(一〇六八)、後冷泉《ごれいぜい》天皇が崩御し、弟の尊仁《たかひと》親王が践祚した。これが後三条天皇であって、宇多《うだ》天皇以来一七〇年ぶりに藤原氏を外戚としない天皇が誕生した。後冷泉天皇は、藤原頼通《よりみち》(摂関政治の頂点を担った藤原道長の息子)の娘寛子《かんし》を妻としていたが、男子に恵まれず、後継者を遺さずに亡くなったのである。

藤原頼通とその兄弟らは、いずれも長寿を保ち、長く宮廷政治の中心的な地位をほしいままにしたが、次世代への継承という点では問題を抱えていた。頼通が後継者となる息子師実《もろざね》を得たのは五十一歳のときだったし、天皇家に嫁がせた彼の娘も男子を産むことができなかった。摂関政治とは、娘を天皇のもとに入内させ、その娘が産んだ子を天皇位に就け、天皇の外祖父という地位を根拠に政治の実権を握る方式である。外孫が幼少のうちに即位させ、自分は摂政として政務を代行し、天皇が成長すれば、関白となって補佐する。外祖父＝摂政・関白は後見人として天皇を庇護すると同時に、天皇を権力から遠ざけたのである。ただし、これは〝娘による男子出産〟

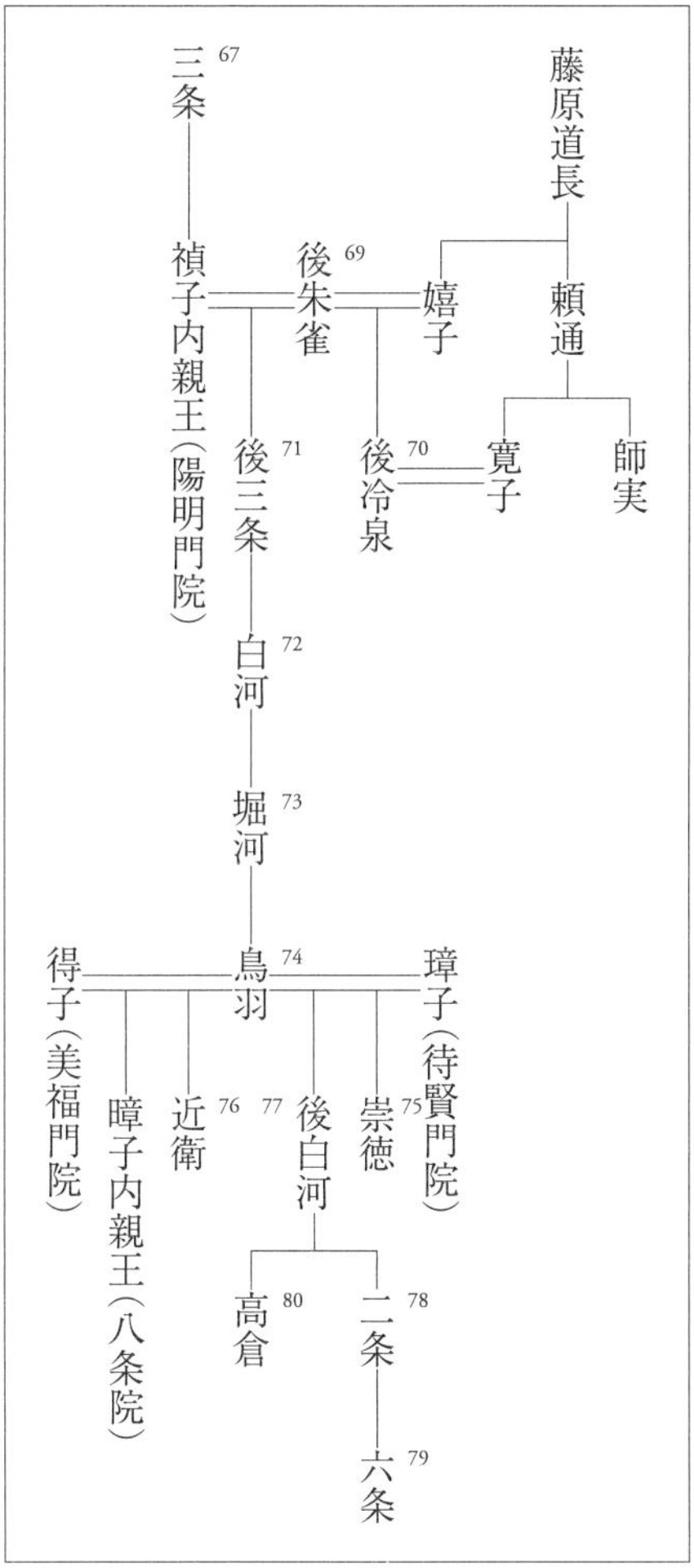

皇室と摂関家関係系図
数字は『皇統譜』による天皇の即位の順を示す

という不確定な要素に依存する体制なので、むしろ一七〇年も続いたことが幸運だったというべきだろう。

摂関政治の頸木を放たれた後三条天皇は、旧体制からの脱却を企図して、新しい政策を展開した。『愚管抄』は後三条天皇の誕生を「世ノ末ノ大ナルカハリメ」と位置づけ、「ヒトヱニ臣下ノママニテ摂籙《せつろくの》臣世ヲトリテ、内ハ幽玄ノサカイニテヲハシマサン事、末代ニ人ノ心ハヲダシカラズ」（臣下にすぎない摂政・関白がもっぱら政治を行い、天皇は「幽玄の境」に隠れているようでは、この不安定な末世を治めることはできない）と述べる。摂政・関白によって神秘的な権威にまつりあげられ、長らく内裏《だいり》の奥深くにしまいこまれていた天皇は、ふたたび人々の前に出て、自ら政治に手を染めるようになったのである。

荘園整理令──中世的文書《もんじょ》主義のさきがけ──

後三条天皇の行った最も重要な施策が荘園整理令である。延久元年（一〇六九）に発せられた法令で、寛徳二年（一〇四五、後冷泉天皇の即位の年）以後に新たに設置された荘園、またはそれ以前の設置であっても由緒が不明なものを廃止することを命じた。荘園とは、国司が管掌する公領の一部を、有力皇族や摂関家、大寺社などが囲いこんで所領としたものである。彼らは権門勢家《けんもんせいか》と総称されるが、荘園という独自の財源を手に入れて、朝廷からの自立性を高めることになった。「庄園諸国ニミチテ、受領ノツトメタヘガタシ」と『愚管抄』が記したごとく、受領（国司）と荘園領主との競合が本格化し、荘園と公領（国衙《こくが》領）が並立する体制（荘園公領制）が始まろうとしていた。荘園整理令は、荘園の存在を中央政権が認定・管理しようとするもので、荘園成立の正当性を示す文書（公験《くげん》）を記録荘園券契所に提出することが求められた。

荘園整理が試みられたのははじめてではないが、後三条天皇のそれが画期的だったのは記録荘園券契所という専門の審査機関を設けた点である。所領存立の可否が文書の有無によって決定される方式は、中世社会における文書主義の端緒となったと考えられる。文書は権利の代弁者として機能し、場合によっては権利そのものとみなされるようになっていった。さまざまな権利が文書上の文言に集約されることによって、中世社会は大きな自由を手にするのだが、それは第四章で詳しく述べることにしよう。

ナンデウ文書カハ候ベキ

荘園整理の最大の標的となったのは、多くの荘園を所有する摂関家である。摂関家当主の藤原頼通も記録荘園券契所（記録所）に公験を提出して審査を受け、実際に不適格として廃止された荘園もあったことがわかっている。一方で『愚管抄』は、頼通が後三条天皇に次のように述べたと伝える。

五十年以上も天皇の後見をつとめてまいりましたので、多くの者たちが、わが一族と縁を結ぶことを望んで、所領を寄進してきたのです。「ああ、なるほど」と、差し出されるままに受け入れてきましたので、なんで証拠の文書などがありましょうか（持っているはずがありません)。私の荘園で、正当でない、証拠が不十分だというところがありましたら、どんどん廃止してくださってけっこうです。

頼通が「サハヤカニ」こう言ってのけたので、天皇も何とも反論ができず、摂関家の荘園は整理の対象からはずされたという。「ナンデウ文書カハ候ベキ」(なんで証拠の文書などがありましょうか)というのは、頼通の絶対的な自信をあらわしている。文書などに頼らずとも、誰もが摂関家の威勢になびいて荘園を寄進し、その意向にしたがって収穫物や特産品を献上したのである。頼通と荘園整理に関しては、『中外抄』『古事談』に次のような話も伝わっている。

頼通が宇治の平等院を建立したとき、宇治周辺の多くの荘園が、同院領として寄進された。後三条天皇は、「好きなようにさせておくわけにはいかない」と言って、使者を派遣して調査させようとした。これを聞いた頼通は、平等院の大門の前に錦の天幕を立て、そこにいろいろなご馳走をならべて、官使を迎える用意をした。官使はすっかり畏れをなし、引き返してしまったそうだ。

頼通は永承七年(一〇五二)に、宇治にあった別荘を寺として、平等院を創立した。翌天喜元年(一〇五三)に建立された阿弥陀堂(鳳凰堂)が現存して国宝に指定されており、当時の人々の西方浄土への希求を伝えている。この平等院に寄進された荘園をめぐる、天皇と摂関家の攻防を語る話だが、やはり、頼通の「サハヤカ」な対応に軍配があがっている。あまりにも鷹揚な振る舞いなので、振り上げた拳をおろさざるをえなかったというところだろうか。当時の摂関家の権勢が、荘園整理等の政治の思惑とは、次元の異なる領域に達していたことを示す話である。

文書の有無などに頼らない分、頼通と荘園との関係は直接的な性格のものだったらしい。やはり『中外抄』『古事談』にみえる話。

頼通が平等院を建立して、荘園が寄進されたときのことである。各荘園で収穫された米を少しずつ、長櫃のふたに砂子のようにたてならべ、その上に「〇〇荘の米」と書いた小さい札を立てさせて、ご覧になった。河内国玉櫛荘《たまぐしのしょう》の米が、最もすぐれていたということである。

各荘園で生産された米の質を比較する話である。いろいろな米を整列させた箱庭状のものを覗き込む頼通の姿は、贅を凝らしたままごとをしているような、優美でユーモラスな光景だったにちがいない。生産地・生産物と荘園領主との、直接的な絆が意識されていることをあらわす話といえるだろう。玉櫛荘は現在の東大阪市内、市域中部の玉串川沿いの地域である。同荘をはじめとする平等院領九カ所は、治暦四年（一〇六八）の太政官符（朝廷から出される格式の高い文書様式）によって荘園として認められ、藤原氏の氏長者が代々伝えていく殿下渡領《でんかわたりりょう》となった。

延久の宣旨枡

高位の政治家が、所領に対する直接的な興味を示すのは、中世初頭の特徴といえるかもしれない。後三条天皇が、荘園整理の一環として、租税をはかるための度量衡を統一しようとしたのもその一例であろう。延久四年（一〇七二）に、延久の宣旨枡といわれる公定枡を定めたのである。

『古事談』は、その顚末について「延久の善政には、まづ器物《うつわもの》を作られけり」と書き出している。後三条天皇は枡を持ってこさせ、手ずから「取り廻し取り廻し御覧じて」寸法などを確かめた。穀倉院から米を取り寄せ、清涼殿の庭で、枡に入れてはからせた。蔵人《くろうど》（天皇の秘書官）らが計った米を紙に包んでもってきたので、勅封を加えて、容量にまちがいがないことを証し、護持僧のもとに送って祈禱させたという。

『愚管抄』は、やはり延久の宣旨枡に触れ、天皇が清涼殿の庭で、砂を入れて容量を確かめたとしている。この実践については、「すばらしいことだ」と賞讃する声とともに、「天皇ご自身が、こんなつまらないことにかかわるなんて、呆れて目がくらくらするようだ」と非難する声があった。非難するのは「内裏ノ御コトハ幽玄ニテヤサヤサトノミ思ヒナラヘル人」（天皇は、即物的な実務には手を出さず、御所の奥深くで優美にしておられればよいと思い込んでいる者）であろうと記されている。

天皇にとっては、枡も生米も、はじめて間近に見るものだったのではないだろうか。枡を手にとってためつすがめつしたり、砂や米を入れてみたり、前述の藤原頼通と同様、大人のままごとのようなものである。

文書主義を基盤とする荘園公領制の開始によって、社会は「理念としての所有」に踏み出したと考えられる。だが一方で、荘園と荘園領主、生産物と政権主宰者との関係は、手ずから枡で米をはかることをもって全国を支配したつもりになるような、箱庭的な世界の中でたゆたっていた。天皇はもはや「幽玄」の向こうに鎮座するだけの存在ではなかったが、未だ現実の重さを体験するにはいたっていなかったのである。

舅と婿

権力者と、その経済基盤との関係が直接的なものとして意識されている時代には、貴族社会内部の人間関係も非常に直截な面をもっていた。有力者の外戚となることによって権力に近づくという摂関政治の仕組みでは、〝父の娘〟に立派な婿を獲得することが第一の課題となる。娘を仲介として、婿や孫の持つ権力を享受するのだから、舅と婿との関係は非常に重要であった。

堀川左大臣源俊房は、知足院殿《ちそくいん》(藤原忠実《ただざね》)を婿にとりたてまつった。婿を大事にするあまり、食事のたびに、手ずから婿の給仕をつとめられた。汁物をお出しするときは、まず味見をして調味の加減を整え、それに飯をひたしてさしあげた。知足院殿は「やりきれないな」と思いつつも、しかたなくそれを召し上がった。このことを祖父の師実公に申し上げたところ、しばらく思案なさって「左大臣もしかるべき人物である。よいことではないか」とおっしゃったということだ。(『古事談』)

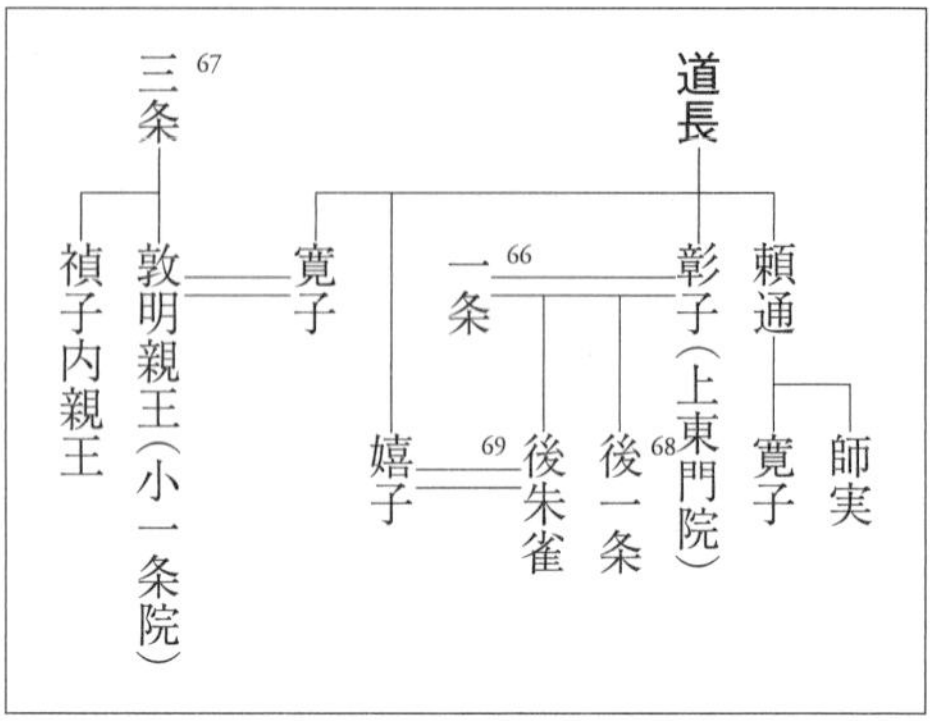

皇室と藤原道長関係系図

藤原忠実と源俊房の娘任子《にんし》が結婚したのは、寛治《かんじ》三年（一〇八九）正月二十九日、俊房は五十五歳、忠実はまだ十二歳だった。俊房が忠実を可愛がりたい気持ちはわからなくもないが、忠実にしてみれば、背伸びしたい年頃なのに迷惑な話だっただろう。

同種のエピソードは『大鏡』にもみえている。藤原道長が三条天皇の第一皇子である敦明《あつあきら》親王（小一条院）を婿として、食事の際に、食器をぬぐったり、毒見をしたりしてかしずいたというものである。道長にとって敦明親王は、外戚政治を行うにあたって邪魔な存在だったため、再三圧力をかけて天皇位から遠ざけたという経緯があった。三条天皇の後継として、敦明の代わりに、娘彰子《しょうし》が一条天皇とのあいだにもうけた敦成《あつひら》親王を践祚させて（後一条天皇）政治の実権を掌握し、外戚政治の黄金時代を築いたのである。道長は敦明親王に小一条院という称号を与えて上皇並みの待遇とし、さらに娘の寛子と結婚させて、手厚く遇した。もちろん天皇になる可能性を強引に奪ったことへの罪滅ぼしである。

上記のふたつの挿話からは、舅と婿という男性どうしの間の、母親と乳幼児とのそれに近いような、生理的に非常に親密な関係を読みとることができるだろう。食事をめぐっての行動なので、なかなか強烈な印象を受ける。舅の側には、母子関係になぞらえたやりかたで、婿をいつくしみたいという願望があるのだが、婿は困惑のほうが強かったようである。

受領と主人

男性どうしの組み合わせでは、主人と従者の関係にも注目すべきものがある。

二条長実《ながざね》が水干《すいかん》装束を着て、神崎の遊女に感想を尋ねたところ、たいへんご立派ですという答えだった。重ねて、「水干装束が似合う者が、ほかに誰かいるだろうか」と問うと、「肥前守景家という方がそうではないでしょうか」と言う。その言葉が終わらないうちに、長実は急いで水干を脱いでしまったということだ。

この景家は、水干装束のときはすばらしいが、布衣《ほい》では田舎者の五位のようで、束帯を着ると、皆に笑われるという人物だった。普段は、小鳥括《ことりくくり》の水干、無文の袴、紅の衣を着て、赤い柄の刀に螺鈿細工をほどこしたものを差した姿で過ごしていたということだ。臨終の床で、「なにか心残りはあるか」と聞くと、「とくに思い残すことはないが、大殿《おおとの》（藤原忠実）の大饗のときに、山鴫《やましぎ》の醬焦《ひしおいり》をお命じになった。だが、山鴫が手にはいらず、かわりにミヤマミソサザイの醬焦をお出ししたことが、残念である」と話したという。（『古事談』）

藤原長実（承保二〈一〇七五〉～長承二〈一一三三〉年）は白河院の乳母の子である修理大夫《すりのだいぶ》顕季《あきすえ》

の息子で、同院晩年の側近として親しく仕えた人物である。各国の受領や、大宰権帥《だざいのごんのそち》などを歴任して院に奉仕し、権中納言にまで昇った。ただし、その家柄は「諸大夫」という摂関家の家司《けいし》をつとめる程度の格式であり、本来なら公卿に昇ることは分不相応と考えられていた。彼が権中納言に任じられた際に、当時大納言であった藤原宗忠は、その日記『中右記』のなかで、「才智にあらず、英華にあらず、年労にあらず、戚里にあらず」と批判している（大治五年十月五日条）。能力・家柄・経験・血縁いずれをとっても、長実の昇任は納得できないと、世間の人は皆不審がっているだろうと述べ、言い過ぎたと思ったのか、「ただし、彼はもともと非常に運の良い男なので、天が与えたところであろうか。あるいは白河院が崩御されたときに、ご遺骨を首にかけてお運びしたからだろうか」とつけ加えている。

院の権力の高揚のもとでは、家柄や格式よりも、院に対する奉仕や、院との親密さの度合いなどが立身の条件となった。院によって受領に任命され、任国の富を院のもとに運ぶことによって、さらなる昇進がもたらされたのである。長実の娘の得子《とくし》（美福門院）は、のちに鳥羽院の寵愛を受けて、近衛天皇・八条院等を産んでいる。

さて長実は、受領の富と白河院の寵愛のおかげで、日ごろから派手な振舞が多い人物だった。彼が水干姿を遊女に見せて、感想を求めたところから上記の説話は始まっている。水干は狩衣をいっそう簡素に仕立てたもので、実用性が高く、下層の官人や庶民などにひろく着用された。祭礼や御幸（院の外出）などの際には、一般貴族も華美な趣向をこらしたもので着飾る場合があり、風流の水干と呼ばれた。長実が遊女に自慢しようとしたのは後者であろう。

一般の貴族にとって、水干はくだけた服装として、素材や色柄などで冒険する余地が大きかったのだろう。ところが、もっと水干が似合う男として肥前守景家があげられた途端、「そんな奴と一緒にされてはかなわない」と、長実はご自慢の水干を放り出してしまったのである。貴族社会において受領は軽んぜられることが多かったが、そのなかにも格差が存在した。景家は説話の内容から摂関家に仕える受領と考えられるが、史料上でその事績を確認することはできない。まがりなりにも公卿に昇りうる長実とは、家柄の上で大きく隔たっていたことはまちがいなかろう。

景家は、その出自にふさわしく水干を着るとたいそう見映えがする男だった。しかし、布衣(布製の狩衣)では田舎者の成金のように見え、束帯(貴族の第一礼装)を着ると、あまりにちぐはぐなので、皆が笑いだす始末だった。普段着のおしゃれはうまいが、格式の高い服装になるほど野暮ったく見えたのである。お里が知れる、というところだろうか。受領という地位の複雑な位置づけがうかがわれる話だが、注目したいのはそのさきである。

景家がいまわの際まで心のこりに思っていたのは、主人である忠実が、貴族らを招いて行う饗応(大饗)の折に、規定通りの食材を調達できなかったことであった。醤焦とは、魚鳥と山芋を味噌だれにからめて出す料理だが、その材料として、山鴫が手に入らず、やむをえずミヤマミソサザイで代用したのである。受領の主人に対する基幹的な奉仕が、主人が権勢を示すのに必要な物資の調達であったことがよくあらわれている。さきの『今昔物語集』でも、平茸や山芋が登場していたように、食物を通じての奉仕は、受領と都、受領と主人をつなぐ象徴的な位置を与えられていたと思われる。

母系から男系へ

後三条天皇の荘園整理令は、中世的文書主義の端緒を開いたが、一方で文書によって証明される必要のない直接的な人間関係も健在であった。後者は食物をめぐる奉仕に象徴されており、母親がわが子を養育するような、生理的・肉体的な一面を持っていたといえる。

院や摂関家が必要な権威を示すことができるよう、地方からさまざまな物資を調達することが、受領に課せられた役割であり、その淵源は藤原頼通が天皇に対して主張していた「後見」(ウシロミ)という行為であった。摂関家にとっては、天皇に嫁がせた娘が産んだ子を次の天皇として大切に養育すること、また天皇や皇室を経済的に支援して不自由させないことを意味する。母子の結びつきの延長として、天皇と摂関家の関係があり、それを経済的に支えるために、受領人事を動かし、荘園を集積するという理屈である。

母子関係を軸とする天皇と後見との関係に劇的な転換をもたらしたのが、院政であった。後三条天皇は延久四年(一〇七二)十二月、在位四年余で譲位し、皇太子貞仁を践祚させた。白河天皇の誕生である。後三条はその数カ月後に急逝したため、譲位後にどのような政治体制を考えていたのかは不明のままとなってしまった。

延久六年、長く摂関家の栄華を誇った藤原頼通が八十三歳で、その姉の上東門院《じょうとうもんいん》彰子(一条天皇の中宮、『源氏物語』作者の紫式部は彼女に仕えていた)が八十七歳で死去、さらに翌承保二年(一〇七五)には頼通の弟で関白の地位にあった教通《のりみち》が八十歳で亡くなる。兄弟そろってたいへんな長寿だが、これをもって摂関政治を主導した世代は姿を消し、二十三歳の白河天皇の治世が本格的に始まることになった。白河天皇は応徳三年（一〇八六）十一月に八歳の皇子善仁に譲位した。前述のとおり立太子・譲位・践祚を一日で行うという無理を通したのだが、白河としては、新帝候補者として有力な異母弟を排除し、自分の直系を天皇位につけたかったのだろう。彼は幼い息子に代わって政治の実権を握り、ここに院政と呼ばれる新しい政治形態が出現した。院政とは、父から息子へという男系による直系相続を、父が壮年のうちに確定しようとする要請から生まれた政治方式である。院政の出現によって、母系に拠る摂関政治から男系原理への転換がはかられたといえよう。同時に貴族社会内部の結びつきも、女性的なものから男性的な性格に移行することになった。

院政の嚆矢となった白河院の時代は、荘園と受領、文書主義と情緒的結びつき、女系原理と男系原理が並立し、時代の変わり目がかつてない活況を生み出した。その中核となるのが、前節でみた蕩尽の原理だったのである。

後白河院と今様の世界観

後白河院と『梁塵秘抄』

本章の冒頭には、神仙思想と受領の富を並べ称する今様歌を置いた。これを収録する『梁塵秘抄』は、後白河天皇（大治二〈一一二七〉～建久三〈一一九二〉年）が撰述した二十巻から成る「今様」の集成である。その内訳は、歌詞集十巻、口伝集十巻だが、現存するのは歌詞集の巻一断簡と巻二、口伝集巻一断簡と巻十のみとなっている。

今様とは、文字通り「今めかしさ」のことで、当世風の新興の歌謡を意味する。また『口伝集』巻十は、後白河院の今様とのかかわりを記した自伝的な内容で、『梁塵秘抄』編集の経緯を伝えてくれるものである。そこでは「声技《こえわざ》の悲しきことは、我が身崩《かく》れぬる後、留《とど》まる事の無きなり」、すなわち、漢詩や和歌・書跡が文字で書き留めることによって後世まで伝わるのに、今様は「声の技」なので、歌い伝える者がいなくなれば残らなくなってしまうのが残念だと述べられる。だからこそ、後の世の人が知ることのできるように、今まで例のなかった今様の集成を行ったのだという。

漢詩や和歌などが、朗誦されるだけでなく、筆記し、編集して記録され、さらには書道作品として視覚的にも楽しまれるものだったのに対し、今様は音声や口伝の領域に属するものとみなされていたらしい。時代の好みや歌い手の感性に応じて柔軟かつ敏感に変化する、いわば鮮度の高さが真骨頂だったのだろう。したがって、筆録されたものは今様の魅力の一部をしか伝えていないことになろうが、時代の雰囲気を濃厚に反映したものであることはまちがいない。

後白河天皇は、今様に熱狂的に打ち込んだ。治承四年（一一八〇）以降の成立とみられる『口伝集』巻十によれば、彼は十代のころから今様に熱中し、練習を欠かさなかった。「昼は終日《ひねもす》に謡ひ暮し、夜は通夜《よもすがら》謡ひ明さぬ夜は無かりき」と昼夜を問わず謡い続け、声が出なくなったことは三度、無理をしすぎて喉が腫れてしまい、湯水も通らなくなったほどだが、かまわず謡い続けたという。

彼は久寿二年（一一五五）、異母弟の近衛天皇が十七歳で亡くなった後に天皇となった。そもそも父である鳥羽院は、四宮の後白河（雅仁親王）を即位させるつもりはまったくなかったという。『愚管抄』は「遊芸などに打ち込んで、天皇になる器量ではないだろうとのお考えであった」と述べ、『古事談』は「近衛院が崩御された時、後白河院は次期天皇の候補者としては員数外（帝位韻外）でいらっしゃった」と伝える。本人も期待されていないことを心得ており、安心して今様に耽っていた。鳥羽院は寵愛する美福門院の娘である八条院、あるいは後白河の第一皇子で、美福門院の養子となっていた守仁親王（のちの二条天皇）を候補者として考えていたという。だが皇后であった待賢門院の所生であること、また、父をさしおいて息子が皇位に就いた例のないことなどから、とりあえず後白河が天皇として践祚することが決定されたのである。

後白河院　『天子摂関御影』
宮内庁三の丸尚蔵館蔵

武者の世

後白河践祚のころの朝廷は、さまざまな勢力がしのぎを削っており、不穏な空気が漂っていた。保元《ほうげん》元年（一一五六）、鳥羽院が重病に倒れると、危ういところで保たれていた政界のバランスは一挙に揺らぎ、七月二日の崩御後には、「鳥羽院ウセサセ給テ後、日本国ノ乱逆ト云コトハヲコリテ後ムサ（武者）ノ世ニナリニケルナリ」（鳥羽院が亡くなられてから、日本国が乱れ始め、武士の世になってしまった）（『愚管抄』）という状況になだれこんだ。すなわち、京都を舞台にしたはじめての内乱である保元の乱の勃発、つづく平治の乱、平氏政権の台頭、源氏と平氏が戦う治承・寿永の内乱、その帰結としての鎌倉幕府の成立へと、事態は一気に展開した。京都朝廷の頂点に立ち、すべてと対峙する者は後白河以外にいなかった。武士の力は全国を蹂躙し、彼は多くの戦闘にさらされるのみならず、時に幽閉され、時に脅されるなど、危機的な状況をかいくぐりながら、なんとか政権を維持したのである。彼の政治運営は、良く言えば柔軟、悪く言えばまったく定見のないものだった。だが、圧倒的な武力によって京都を制圧され、しかも次々と覇者が入れ替わっていく状況では、定見のないのが最上の政策だったと評価できるかもしれない（特定の覇者に加担した政治家たちは、京都を制する者が替わるたびに失脚していった）。いずれにしても、武士が京都政界に進出し、武力が全国を席巻し、ついに鎌倉に武家政権の成立をみるという激動の時代を、とにもかくにも生き抜いた人物が後白河院だったのである。同時に、時代の急流に翻弄されるなかで、彼が集成したのが『梁塵秘抄』であった。彼と今様の世界観とのかかわりは、武士の登場を大きな節目として展開する、権力の分裂と多元化という中世社会の構造に通じている。

遊女・傀儡《くぐつ》・白拍子《しらびょうし》

後白河院は今様に夢中になるとともに、周囲にさまざまな芸能者、職人などを呼び込んでいたといわれる。『愚管抄』は次のように述べる。

故院ハ下臈近ク候テ、世ノ中ノ狂ヒ者ト申テ、ミコ・カウナギ・舞・猿楽ノトモガラ、又アカ金ザイク何カト申候トモガラノ、コレヲトリナシマイラセ候ハンズルヤウ見ルココチコソシ候へ。

後白河院の人柄については、当代きっての才人にして有能な政治家であった藤原信西《しんぜい》（通憲《みちのり》）が「古今東西でこれほど愚かな王は見たことがない」と評した言葉が有名である（『玉葉《ぎょくよう》』寿永三年三月十六日条）。臣下の優劣や忠と不忠の見分けもつかないばかりでなく、宮中の身分秩序を無視して、いわば雑芸に携わる者と身近に接しようとしていたのである（信西の人物評は、「あえて美点をあげるとすれば、一度思いたったことは、周囲が反対しても、必ずまっとうするところである」と続く。さらに「これは賢主の場合には、あきらかに欠点だが、愚かでどうしようもないので、徳として数えるのだ」と付け加えられるのだが、なるほど、賢臣にとってはもてあましものの主君だったにちがいない）。

伝統的な宮廷社会、あるいは和歌や漢詩の美意識といっても良いかもしれないが、それらの範疇からははずれた主題が登場することが『梁塵秘抄』の大きな特徴といえよう。今様を主に歌い伝えたのは、遊女・傀儡・白拍子などの女性芸能者である。いずれも歌舞音曲などの遊芸にたずさわる人々だが、遊女は水上交通の要所を、傀儡は陸上交通の要所を拠点にするという、活動範囲の違いによって区別されていたらしい（遊女は女性だが、傀儡は男女いずれにも用いられる呼称であった）。また、白拍子は舞を本領とする男装の芸能者で、平清盛の寵愛を受けた妓王《ぎおう》や仏御前《ほとけごぜん》らが著名である。彼女たちは、当代の最高権力者に近づけるほどの芸を身につけ、社会的にも認知されていたが、一方で、権力者の恣意に左右され、玩具のようにあつかわれる立場にあった。今様に描かれたのは、社会の周縁に居る彼女たちから見た世界の姿だった。庶民の生活、都市や地方の風俗、感情や衝動を持った存在として生きることにともなう矛盾や不安などが、自由で柔軟な表現形式のなかで歌われるのである。後白河院の一番の師匠も、乙前《おとまえ》と名乗る、美濃国青墓《あおはか》（現在の岐阜県大垣市青墓町。東山道の宿駅としてにぎわった）の傀儡であった。

交錯する視線

後白河院の今様への耽溺は、彼が既成の秩序感覚や美意識に収まりきらぬ広い世界、多様な人々への興味を抱いていたことを示している。だが、今様の主体となった人々と彼との距離は、やはり限りなく遠いものだったのではないか。

楠葉《くすは》の御牧《みまき》の土器造《どきつくり》、土器は造れど娘の顔ぞ好《よ》き、あな愛《うつく》しやな　彼女《あれ》を三車《みくるま》の四車《よくるま》の愛敬《あいぎょう》輦《てぐるま》に打ち載せて　受領の北の方と言はせばや

摂関家領の河内国楠葉牧（現在の大阪府枚方市）に住む、土器造の職人の娘の美しさを愛でる歌である。楠葉は、淀川の水運によって京都と結ばれる交通至便な地で、摂関家領のなかでも、氏

長者の地位とともに受け継がれる殿下渡領として基幹的な位置にあった。隣接する交野《かたの》は禁野とされ、天皇や貴族らがしばしば狩猟や行楽に訪れた。石清水《いわしみず》八幡宮にも近く、今様を伝えた遊女らにとっても縁の浅からぬ土地だったと思われる。

その楠葉牧の土器造の娘が非常に美しいので、輿入《こしい》れの手車（手で引く車）を三台も四台も連ねて、受領の奥様にしてやりたい——という歌である。愛敬（愛行とも）は、現代語の「あいきょう」に通じる愛らしいという意味だが、婚礼や婚礼にかかわる行為をもあらわす。身分の低い職人にたまたま恵まれた、その境遇に不似合いな美しい娘という、思わぬところに見出した美人に対する新鮮な驚き・賛美が、彼女を幸せにしてやりたいという気持ちを生む。若さ・美しさを受け入れるにふさわしい相手として登場するのは、ここでもやはり受領である。美と富、活気や祝福などがにぎやかに歌いこまれている。

楠葉牧は土器の特産地としても知られていた。近辺から良質の粘土を産し、内膳司《ないぜんし》の楠葉御園では朝廷への供御《くご》土器が作られていた。また後代のものになるが、徳治《とくじ》二年（一三〇七）の史料には、「楠葉郷民等は、土器を造るをもって業となす」と述べられている（徳治二年四月　日、杜郷訴状案『宮寺《ぐうじ》見聞私記』）。

一介の職人の一家から見れば、「受領」は富と権力・幸運の体現者であり、そこに娘が嫁ぐのは、まさに玉の輿だったろう。庶民にとっての「受領」は、憧憬・羨望の対象にほかならなかった。

一方で、貴族社会における受領の位置づけはどのようなものだったろうか。『源氏物語』では、美女ぞろいの光源氏の愛人のなかで、ひとりだけあきらかに容貌に難のある末摘花《すえつむはな》の叔母の境遇を「この姫君の母北の方のはらから（妹）、世におちぶれて、受領の北の方になり給へるありけり」と述べる。貴族社会においては、受領の妻になるのは「世に落ちぶれ」た者だったのである。地方に下って、在地支配の現場で働かねばならない立場は、中央政界で活動する貴族らにとっては一段下がったものとしか感じられなかった。文学作品などにみえる受領の姿も、羽振りは良いが、野暮ったくて粗野な田舎者として軽んぜられる役まわりが多い。ただし先に紹介した芋粥の話からもうかがわれる通り、地方に身をおいた場合には、都人と受領との力関係は、また別様となろう。受領とは、視点の違いや舞台の違いによってさまざまに見えかたが変わる、境界的で、結節点となる存在であった。

庶民の目線による「楠葉牧の土器造の娘」の歌は、美しい少女の幸せを願う予祝歌だが、後白河院にとっては、「美しい土器造の娘」と「受領」という組み合わせに、鄙びた情緒を感じるという程度にとどまったのではないだろうか。ものめずらしく、興味をそそられるところはあるが、それ以上ではない。共感にいたらぬ、いわば使い捨ての興趣の段階だったと思われる。

蒔絵師宅を訪問する

後白河院が身分の低い芸能者を周囲に呼び集めていたことを批判的に述べた『愚管抄』の記述の中には「アカ金ザイク」が登場していた。銅を加工して工芸品を造る職人のことだが、後白河とこのような職人との交流が、九条兼実《かねざね》（摂関家の一員で、『愚管抄』を著した慈円の兄にあたる）の日記『玉葉』元暦《げんりゃく》元年（一一八四）六月十七日条にみえている。それによれば、院は洛中の蒔絵師の家を突然訪問し、室内にあがりこんで作業の様子を見物した。その際に、ふざけて引き出物を出すよう要求したというのだが、貧しい蒔絵師がとっさに応じられるわけがない。何日かして、院の軽口を真に受けた蒔絵師は美しい手箱を捧げて御所を訪ね、北面の武士に追い払われたという。日記の書き手（記主）である兼実は、院の所業を「軽々狂乱」と非難している。

院にしてみれば、一時の気まぐれにすぎなかったのだろうが、蒔絵師にとっては大事件である。両者の認識のギャップが、後者には非常に気の毒な結果を生んだといえよう。蒔絵作品に対する美意識は、鑑賞者である後白河と、製作者の蒔絵師とで一致するのだろうが、それぞれの感性や視線の方向性は全く異なっていた。両者は工芸品を美しいと感じる一点においてのみ交わり、それ以外の部分では、おそらく絶望的なほど無縁だったのである。

後白河が愛した今様の世界は、和歌が、その美意識にそぐわないものとして排除した多くの雑多な要素をとりいれて成り立っていた。世界を都合の良いように再構成せず、あるがままに感受すること——後白河を魅了したのは、そのような視点だったのではないだろうか。ただし、周縁に生きる者たちの足場となる生活がどのようなものであったのかは、後白河にとっては一時の好奇の対象ですらなかったのかもしれない。

世界の多様性、あるいは雑駁さに対する関心は、中世の開幕期にとくに顕著である。ただし、院や貴族などの支配者層（現代に伝わる史料や美術作品等は、ほとんど彼らによって生み出されたものである）の視線は、その特権的な立場に根ざす独善性を必然的に含んでいる。すべての事物・事象を虚心に見る視点は、ヒューマニズムに通じる可能性もあるはずだが、院政期のそれは独善性とともに、露悪趣味や猟奇趣味に流れるものとなっていた。

そして、たとえば受領を交点として、それぞれの立場から注がれる視線は、さまざまな場面において、二つの異なった領域を形成することになる。それらはときに重なり合い、ときに断絶し、ねじれながら、社会を成り立たせていく。そして二つの領域が統合された段階で、はじめて馴染みのある前近代が出現する。私たちが確かに通過してきたが、記憶の果てに封じ込められてしまった世界——近代を準備した前近代よりもさらに前の世界の姿はいったいどのようなものだったのだろうか。

第二章　財貨をいかに徴収するか——武家社会の始まり

国務と目代

傀儡の目代

本章では院政下の蕩尽を可能にした受領の諸国支配の具体像に迫ってみよう。地方から都に富を運ぶシステムはどのようなものだったのだろうか。財貨の徴収や蓄積・搬送をめぐる事情や、武家政権の時代に向かってのそれらの変化を検討してみよう。

最初に、受領の代官として実務処理にあたった目代をとりあげる。彼らはこのシステムの最前線で活動していた。材料とするのは『今昔物語集』巻二十八の「伊豆守小野五友《いずのかみおののいつとも》の目代のこと」である。

外記《げき》（下級の文筆官僚）を務めあげて、伊豆守に任じられた小野五友（五倫）という者があった。同国に赴任して、目代にすべき人材をひろく探したところ、「駿河国に学識豊かで分別があり、文字を書くのにもすぐれた者がいる」という情報を得た。そこで、その人物を呼び寄せてみると、六十歳ぐらいでどっしりした体格、落ち着き払った真面目そうな男であった。字を書かせてみると、それほどうまいわけではないが、書きなれていて目代にはちょうど良いと思われる腕前だ。徴税に関わる文書を渡して「収入を計算せよ」と言えば、算木を取り出してさらさらと計算し、ほどなく「いくらいくらでございます」と答える。「これは役に立つ男だ」と喜んで採用し、二年ばかりが過ぎた。他人が滞らせた仕事にも、すばやく対応して処理し、常に余裕を持って終わらせるという調子で、万事いきとどいた働きぶりであった。多くの所領の経営を任せたが、私腹を肥やす様子もなく、国内の役人・住人いずれからも信頼厚く、すぐれた人材として隣国にまで名声がひびくほどだった。

新任の国司が目代を採用するにあたって、書類作成と経理の実技試験を課したわけである。あまり立派すぎず、こなれた仕事ぶりで、同僚の足りないところをさりげなく補い、人望もあつい。現代における愛される組織人像と、おどろくほど一致している。だが、なにごとにも落とし穴はあるもので、やがて目代氏の意外な過去が露呈する日がやってきた。

ある日、伊豆守のいるところで、この目代がたくさんの書類をひろげ、下文《くだしぶみ》（上位の役所から下位の役所に命令を下す文書）を執筆し、公印を捺すなどして、忙しく働いていた。そこへ大勢の傀儡がやって来て、国司の前で面白おかしく芸を披露してみせた。国司も思わずうきうきした気持ちになったが、目代はと見れば、あいかわらず公印を捺し続けてはいるものの、いつのまにか傀儡の歌や音楽にあわせて、三度拍子のリズムになっているのである。傀儡らが音楽の調子をあげると、目代は我慢しきれず、太くしわがれた声を出して、傀儡の歌に合わせて歌いだした。

真面目一方と思われた目代は、実は若いころは傀儡の一員であった。彼が芸能の心を忘れ去ってしまったのかどうか試そうとして、昔の仲間が乗り込んできたのである。国衙の役人達は大笑いし、目代は恥じて逃げ出してしまった。その後も、「傀儡目代」と呼ばれて笑いの種にされ、少しく声望が下がったが、国司は彼の能力を惜しみ、仕事を続けさせたという。

いったん芸の道に入った者をとらえて離さない「傀儡神」とはなんと物狂おしいものであろうかという慨嘆をもって、この説話は締めくくられる。人を歌舞音曲などの芸能にむかわせる欲求や衝動のデモーニッシュな性格が「傀儡神」という言葉であらわされている。

傀儡神の怖さはさておき、目代の職務の中心は公文書作成と財務処理であり、これらを達者にこなす能力が、最も求められた。「傀儡目代」は、これに加えて芸能にも堪能だったわけだ。仕事ができるのに、目立ちたがったり恩に着せたりせず、宴会芸も玄人はだしとくれば、現代の職場の同僚としては、ますます歓迎すべき逸材なのだが、笑いものにされてしまったのは残念である。

『医心方《いしんぼう》』紙背文書

十二世紀前半成立の詩文・文書集『朝野群載《ちょうやぐんさい》』（文学的な詩文と、中級官人層むけの実用文書の雛形をあわせた文例集）には「国務条々のこと」として、新任国司の任国への赴任や事務の引継ぎ、支配の方法等についての心得を四十二カ条にわたって述べた文書が収録されている。そのなかに「公文《くもん》（公文書）作成に優れた者を目代に任命すること」という一条がみえる。「諸国の目代には、貴賤を問題にせず、公文書作成に通じた者を任命すべきである。文筆能力に欠ける者を起用してしまうと公文の勘済《かんさい》（国司任期中の財務の決算書を作成すること。これを朝議の場に提出して審査を受ける）や後任国司への引継ぎ（文書分附《もんじょぶんぷ》）の際に不都合が生じる。あとで後悔することのないよう適切な人選を行なわなければいけない」と説かれている。

目代は、国務遂行の要を握る役職とみなされていた。除目で新任国司が決定すると、ただちに目代の求人が開始され、必要な技能を備えた人材は文字通りひっぱりだこだった（十一世紀半ば成立の『新猿楽記』には、このような理想的な受領郎等が登場する）。貴賤・親疎を問わず、とにかく有能な者が必要とされており、前身が傀儡だろうとなんだろうとかまってはおられなかったのである。

一国を経営するための仕事は多岐にわたる。その実態を語る史料として著名なのが『医心方』という書物の、料紙の裏に残された文書群だ。『医心方』は鍼博士丹波康頼が編纂し、永観二年（九八四）に朝廷に奏進した全三十巻の総合医学書である。隋・唐の多くの医学書を引用しており、また「ヲコト点」と呼ばれる訓点がつけられていることなどから、漢方医学だけでなく、文献学・国語学等の分野においても重要な意義を持つ史料となっている。

同書の現存最古の写本で、医者として朝廷や幕府に仕えた和気《わけ》氏の一流である半井《なからい》家に伝えられたのが、半井家本『医心方』である。現在では国の所蔵となり、国宝に指定されている。同書の本文が貴重なのはもちろんだが、本文が書かれた料紙の裏面にも多くの史料がのこされている。不要となった手紙や書類の用紙の裏面を再利用して、本文を書写したためで、このようにして伝来した史料を「紙背文書」「裏文書」と呼ぶ。

日常の連絡やメモ、公式の書類や通達など、身の回りにたまっていく多くの文書類は、一定の期間をおいて整理され、長く保存すべきものと不要なものとに仕分けられる。反故とされた文書類は、漉き返して再生紙としたり、包み紙などに転用された。そのなかで裏面が白いものについては、日記や写本の用紙として再び利用される場合があった。したがって、日記の裏面（もともとはこちらが表だったわけだが）が、記主や記主の家族宛ての手紙だったり、写本の裏面に書写者が役職の関係で受け取った申請書類がのこっていたりする。

不動産の所有権や一族の由緒来歴に関わるような文書は孫子の代まで大切に保管されるが、現代なら電話ですますような挨拶や連絡のための手紙、解決済みの案件についての書類などは、どしどし廃棄される。正規に保管される文書は、個人や一族、あるいは社会にとっての節目や転機、すなわち相続や裁判、政権の交代等の特別な場合に作成されたものであることが多い。一方で日々の生活や職務を成り立たせるためには、膨大な数の文書が作成され、とりかわされたはずだが、これらのほとんどは廃棄されてしまうので、過去の人々の日常を伝える情報を得ることは非常に難しい。本来なら捨てられるはずのものが運よく残ったのが紙背文書で、保管された文書からは知ることのできない世界を知るための重要な手がかりとなるのである。

『医心方』紙背文書の全貌は、山本信吉・瀬戸薫両氏によって一九八九年に紹介された（「史料

紹介 半井家本『医心方』紙背文書について」)。それによれば同文書群は全部で四十八通から成り、年代としては保安《ほうあん》三年(一一二二)から長承二年(一一三三)にわたる。内容からみて、近江・加賀・越中三国の目代を務めた人物のもとに集積されたもので、院政期目代の活動の実態があらわれている。そのなかの一通に「注進すべき雑事」と題された注文《ちゅうもん》(一覧)がある。新任の国司に対して、目代が報告すべき国内のさまざまな事項を書き上げたものと思われ、全部で八十九カ条から成る。戸田芳実氏は、同文書群を検討した論文のなかで、この注文を「本裏文書中の白眉」「これまでその個々の片鱗しかとらえられなかったこの時代の国衙行政の全貌を、さながらパノラマのように眼前に展開してくれる」と高く評価しておられる(「院政期北陸の国司と国衙」)。

さてその内容だが、八十九個の項目が箇条書きにして並べられているだけで、詳細は説明されていない。目代自身の心覚えのためのメモで、この一覧にそって、新任国司への報告内容を検討したり、資料をそろえたりしたのだろう。以下に、目代から国司に報告されたと思われる、おもな項目を示す。

・国内の神社・仏寺の状況
・国内の見作田《げんさくでん》(実際に耕作されている田)の所在や面積
・国内の荘園の領主や立荘の根拠
・国内諸郡における勧農《かんのう》や出挙《すいこ》の状況
　※「勧農」とは住人が円滑に農業を行うことができるよう、領主が条件を整えたり、進行を管理したり

することが。水利の整備・労働力の配置や耕作法の指導等。なかでも耕作開始時の種子や種籾の準備は重要で、種籾を貸付け、収穫時に利子をつけて返済させる行為を「出挙」と呼ぶ。

・国内の生産物・特産品の詳細
・京都への生産物搬送の仕組みや必要経費
・農地への税率・徴税経費
・国内の港や関所、船・船員等、漁業や水運の詳細
・国衙（国政を行う役所）の付属組織と役人の人数
・国司交替に関わる引継ぎ書類や国政上の記録・帳簿等の詳細

これらのすべてについて、きちんとした処理がなされたのかどうかは不明だが、多彩かつ膨大な管掌事項が、国務を構成する要素として認識されていたことは確かだといえる。ほかに興味深い項目としては、「双六《すごろく》別当事」「巫女別当事」「国内富人事」等がある。双六をはじめとする賭博、占いや口寄せなどを行う巫女などの、聖俗の境界的な領域で活動する人々の管理、国内の富裕者の把握（のちにこのような人々は有徳人《うとくにん》と呼ばれ、一種の富裕税の対象となる）を意味すると思われる。また八十九項目の最後には、「国中悪人勧善事」がおかれる。文字どおりなら、国内の悪人を改心させることだろうが、「悪」というのは「常識の範囲を超えた活力」の意で、必ずしもいわゆるワルモノではない（ワルモノについては第五章で詳述する）。国衙による管理から逸脱し、秩序を乱す恐れのある有力者を監視したり、手なずけたりすることではないだろうか。いずれに

巫女　屋内で口寄せする様子（こちら向きの人物）が『年中行事絵巻』にも描かれている　『日本絵巻大成８』（中央公論社）より

しても一国の支配において、生産や徴税、書類作成等の基幹的と思われる業務のほかに、かなり広い範囲への目配りがされていることがみてとれる。逆に言えば、さまざまな要素が、まったく未分化なまま目代の手に委ねられていたのである。

目代の出自―山木兼隆と二階堂行政―

そもそも目代になるのはどのような人々だったのだろうか。あるいは諸国の支配者の下で事務を管掌する人材はどのように調達されたのだろうか。このことを考えるにあたっては、源頼朝が鎌倉幕府を立ち上げる際に登用した、いわゆる京下り官人の例が参考になる。

私が目代のような実務担当者にこだわるのは、中世の支配がどのような要素によって構成されるのか、また支配に関わる知識・技能の継承や修得がどのように行なわれるのかをあきらかにすることが重要と考えるからだ。中世の社会に一貫しているのは、第一章で触れた荘園整理令にはじまる文書主義で、これは多分に机上の帳尻あわせという性格を持つ。だが大量に生産される文書は、支配権の所在が曖昧になり、武力や暴力が重みを増すなかで、社会を統合し、秩序を演出するための大きな力となった。実体をそなえた秩序を達成する新しい力があらわれて、文書主義が役割を終える段階が、すなわち中世の終焉であろう。したがって、文書主義を下支えする目代らの実態を探ることは、混乱と分裂に満ちた中世社会がいかにして形を保つことができたのかという問いに答えることに通じるのである。

さて、源頼朝は周知のとおり、平治の乱で敗死した源義朝の嫡男として都を追われ、伊豆国に配流されていたのだが、治承四年（一一八〇）平氏に対抗して挙兵、新政権を樹立し、建久三年（一一九二）に征夷大将軍に任じられた。兵乱は全国に及び、源（木曾）義仲・源義経など京都を制圧する覇者が次々と交替するという展開のなかで、彼はずっと関東にとどまり、後白河院からのたびたびの上洛要請にも腰をあげようとしなかった。彼は京都と関東に文筆能力にすぐれた人材を確保し、西国方面や朝廷に関わる情報を送らせて情勢判断の材料にしたり、新しい武家文書の様式を案出させたりした。その代表的な人物がのちに政所《まんどころ》別当となった大江広元、問注所執事となった三善康信で、幕府執行部の一角をになったのである。

この二人はいずれももとは朝廷の下級官人で、大江氏は学者、三善氏は算道（算術を修める学問）を家業とする家柄だった。康信は母が頼朝の乳母の妹にあたり、広元は義理の兄の中原親能《ちかよし》が、相模国の武士波多野経家に養育されて頼朝の知己を得ていたという縁によって、頼朝に仕えるようになったという（広元は、大江氏の生まれだが、親能の父中原広季の養子となり、中原姓を名乗っていた。幕府確立後の建保《けんぽう》四年〈一二一六〉に改姓の手続きをとって、大江姓に復している）。

彼らは出自が判明しているケースだが、頼朝に近侍し、右筆《ゆうひつ》（書記官）として多くの文書を執筆した藤原邦通《くにみち》は少し異なっている。彼は『吾妻鏡』に「洛陽放遊客」と説明されており、頼朝の流人時代からの側近である安達盛長の紹介で、幕府に出仕することになったという。「洛陽放遊客」とは曖昧な表現だが、都で気ままに暮らしている者というような意味だろう。彼は初期の頼朝の発給文書の執筆をてがけたが、そのほか何をやらせても達者にこなす人物だった。頼朝が挙兵の手はじめとして伊豆国目代の山木兼隆を攻めるにあたっては、スパイのような働きをしている。要害の地といわれた兼隆の館に潜入して、情報を収集したのである。彼は館のなかに入り込み、酒宴に連なって兼隆に気に入られて、何日か館に逗留することに成功した。さりげなく周囲の地形などを見て回り、その様子を絵図に記して持ち帰った。眼前に実際の風景を見ているように描かれたもので、絵図にしたがって戦略を練った頼朝と北条時政は、見事勝利をおさめたのである。邦通は、文筆・絵画・芸能等、何でもこなして、どこにいても重宝がられる、世渡りの才に恵まれた人物だったのだろう。

不運にも滅ぼされてしまった伊豆国目代の山木兼隆は、平清盛と同じ伊勢平氏の出身で、都では検非違使《けびいし》をつとめていた。詳細は不明だが『吾妻鏡』によれば、父信兼の訴えによって罪科に問われ、伊豆国山木郷（現在の静岡県伊豆の国市韮山山木）に配流となった。その後同地で勢力を伸ばし、山木判官を名乗るにいたったという。伊豆国は源頼政（源三位《げんざんみ》頼政）の知行国だったが、治承四年（一一八〇）に頼政が以仁王《もちひとおう》をかついで反平氏の挙兵を企て、失敗した後、平時忠（清盛の妻時子の弟）が知行国主となっていた。兼隆は時忠のもとで目代に任じられて頼朝を監視する立場にあったが、挙兵の最初の標的とされたのだった。

頼朝自身も含めて、罪人が配流地で権力を獲得するという図式は、幕府草創期の文筆官僚として活躍し、代々政所執事をつとめるにいたった二階堂行政の家系にもみることができる。『尊卑分脈《そんぴぶんみゃく》』によると、行政は藤原南家に連なる家系で、その先祖の維遠《これとお》・維行は駿河守、維頼は遠江権守をつとめている。彼の父の行遠《ゆきとお》は保延《ほうえん》年間（一一三五〜四一）に遠江国司を殺害し、尾張国に流されたという。配流先で、同国熱田神宮の大宮司藤原季範《すえのり》の妹を妻とし、生まれたのが行政だった。この季範の娘の一人が源義朝に嫁いで頼朝を産んでいるから、その縁をたどって行政は頼朝に仕えるようになったのだろう。のちに鎌倉二階堂に屋敷を構えたことから、二階堂氏を名乗ったのである。また、季範の父季兼は三河国に住し、尾張国の目代をつとめていたという。行政・季範の一族は、いずれも東海地方で勢力を蓄え、状況に応じて国司の片腕となったり、対立したりするような位置にあったと考えられる。機会を得て有力武士と姻戚関係を結び、武家政権の成立に参画する成り行きとなった。

　山木兼隆や二階堂行政の係累は、犯罪や合戦が絡んでいるために、文筆よりも武力に勝るという印象を受ける。だが目代の仕事が多様であると同時に、あまりにもとりとめがなく、専門性や職掌の別に無頓着なのと同じく、合法と非合法、文と武の区別もまた曖昧であり、さらには芸能との境界もさだかではなく、もっぱら問題解決能力の有無が登用の基準だったのであろう。そして、そのような能力を培うのにもっとも効率的な場が、京都の貴族社会や都市的空間だったのではないだろうか。

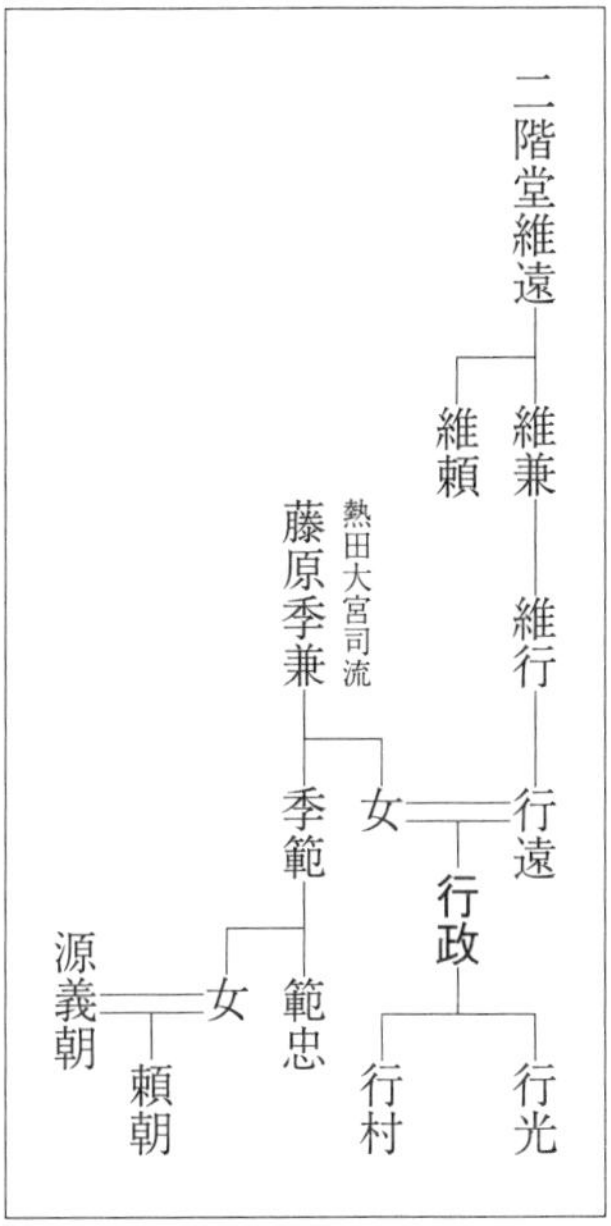

二階堂家関係系図

都から下ってきた人々は、地方においてはそれだけで重んじられ、縁を結びたいと求められる存在だった。都落ちの理由など、誰も問わなかったのである。

前にも引いた『朝野群載』中の文書には、受領が任国に伴うべき人材として、文筆にすぐれた目代とともに以下のような人々があげられている。まず「能書の者二、三人」、これは受領の右筆として公私の文書を執筆する役。第二は「武芸に堪能な者」、有能な官吏は武力を必要としないというのがたてまえだが、人心も不安定なので非常の際には必要な人材である。第三に「験者と僧侶」、世の中何が起こるかわからないので、国のために祈禱し、受領自身を護持してもらうために帯同する。文・武とともに宗教や祈禱が大切な要素と認識されていたことがわかる(なんといっても中世人は祈禱や占いを重視していた。病気になると、まず回復を願う祈禱を依頼し、僧侶の都合がつかない場合に、しかたがないから医師を呼ぶという順番だった。かかりつけ医よりも、かかりつけ祈禱師の出番の方が多かったのである)。験者・僧侶はともかく、文と武のバランスは国内や全国の安定の度合いに左右されたと思われる。

下文と財貨

吉祥天女の下文

中世の開幕を告げる荘園整理令の大きな意義が、文書主義の端緒を開いた点にあり、諸国支配においても文書が大きな役割をになったことは先述した。本節では受領（国司）が蓄えた収納物の払い出しを命じる文書について考えてみよう。

再び『今昔物語集』をとりあげる。巻十七「生江世経《いくえのよつね》、吉祥天女に仕え富貴を得たること」である。


越前国に生江世経といういたいへん貧しい者があり、ひごろから吉祥天女を信仰していた。食べるものにも事欠いたある日、「吉祥天女、助け給え」と念じたところ、門前にたいそう美しい女性がやってきた。一椀の飯を差し出し、「これをおあがりなさい」と言う。世経が喜んで受け取って食べてみると、ほんの少しで満腹になり、それどころか満腹感が二、三日続くのであった。

世経は、この不思議な飯を少しずつ食べていたが、日がたつうちにとうとう尽きてしまった。そこでまた吉祥天女に祈念すると、前と同じ美女がやってきて「今度は下文をあげましょう」と言って、文書をくれた。世経が開いてみると「米三斗」と記してある。「どこに持っていけば受け取れるのでしょう」と問うと、美女は「北の方の山に行き、そのなかの一番高い峰に登って『修陀、修陀』と呼んでごらんなさい」と答えた。言われたとおりに峰に登って呼ぶと、額に角がある一つ目の鬼が現れた。世経は怖気づきながらも下文を差し出し、この米を出すようにと告げた。「下文には三斗と書いてありますが、一斗お出しするようにとの主人の命令です」と、鬼は答えて米一斗を袋に入れてくれた。

この米は、いくら取り出しても尽きることがなく、ほどなく世経は豊かになった。

貧しい者が、遣っても遣っても尽きない宝を得て富裕になるという、よくある型の説話である。興味深いのは、天女の化身が下文をくれる点だろう。下文は上位の役所から下位の役所に宛てて出される命令や通達を記す文書様式で、「〇〇（上位の役所名）下す　××（下位の役所名）」と書き出され、上から下へという上意下達の関係がはっきり示される点が特徴である。世経のもらった下文には米三斗の払い出しを命ずるむねが記されており、これをしかるべき相手に示せば、表記の品物を受けとることができるというものである。現代の小切手や手形と同様の、一種の証券と解釈することができる。支払い命令を内容とする下文は、諸国から中央の諸官司（役所）に納める納物や、貴族や寺社に支給する封物《ふうもつ》を支払う際に用いられた。

上記の話には、さらに続きがあって、この話を聞きつけた国司が不思議な袋を売るようにと、世経に求めてきたという。世経は断りきれず、米百石と引き換えに袋を譲り渡した。国司のもとでも、袋の米は相変らず無尽蔵に見えたが、国司が取り出した米がちょうど百石に達したところで、それ以上出なくなってしまった。国司はしかたなく袋を世経に返した。すると、袋は再び無尽蔵となり、世経は大金持ちになったのである。

強欲なうえに愚かな国司像が付け加えられ、皮肉られているわけだが、三斗の下文に一斗しか出さなかったり、ちょうど百石に達したところで、ただの袋になってしまうなど、妙に数字に細かい話である。下文の額面に対して、不作とか徴税の不首尾を理由に、あるいは支払い手数料等の名目で、一定額を割り引くことが慣習化していたことを反映しているのかもしれない。

猫恐《ねこおじ》の富豪

『今昔物語集』には、もうひとつ支払い命令の文書を扱った説話が収録されている。巻二十八「大蔵大夫藤原清廉《きよかど》、猫を怖るること」である。主人公は朝廷の財務を掌る大蔵省のもと官人、大蔵丞として勤務し、五位の位を得て大蔵大夫と呼ばれた藤原清廉である。とくに家柄の高くない一般の官人は、五位の位階に達したところで昇進は天井を打つことになっている。あとは受領に任じられるのを期待するか、経験や能力を生かして他の分野に転身するのが一般的だった。

猫が恐い？　これは『鳥獣戯画』に一匹だけ描かれた猫 『新修　日本絵巻物全集４』（角川書店）より

藤原清廉は山城・大和・伊賀の三カ国をまたにかけて多くの田を耕作する、たいそうな徳人（財産家）だった。彼の弱点は猫を異常に怖がることで、猫恐の大夫という仇名をつけられ、からかわれていた。

さて、藤原輔公《すけきみ》という人物が大和守を務めている時に、清廉が同国の官物（租税）を滞納していることが問題になった。そこで輔公は一計を案じ、窓のない納戸のような部屋に清廉を呼び出し、任期の満了も迫っているので官物を納付してほしいと頼んだ。清廉は口では従うような返事をしていたが、腹のなかでは、隣国伊賀の東大寺領の荘園に逃げてしまえば、他国まで催促の手が伸びることはあるまいと考えていた。「帰宅しましたら、文書など確かめて、お支払いしたいと思います」などと言い逃れていたが、輔公のほうは、今日こそは完済を確約してもらわねば帰らせないという意気込みであった。

清廉の反応がはかばかしくないので、ついに輔公は配下の侍に命じて大きな猫を五匹連れてこさせた。閉め切りの部屋で逃げ場もなく、清廉は汗を流し、目をしばたたき、今にも死にそうな様子になった。輔公は、次は紙と硯を持ってこさせ、未納分の五〇〇石を支払う下文を作成せよと清廉に迫った。さらに「宛所は伊賀の国の納所《なっしょ》にすると虚下文《そらくだしぶみ》になりそうだから、大和国宇陀郡の自邸に貯め込んだ米を出すようにせよ」と命じた。清廉は言われたとおりの文書を作成して輔公に渡した。輔公は下文を郎等に持たせ、清廉とともにその屋敷に行かせて、記載どおりの支払いを受けたのであった。

山城・大和・伊賀の三カ国で手広く農業を営む富豪と国司との租税納入をめぐるかけひきがテーマである。律令制的土地制度から荘園公領制へと移行する過程で、個人の力量によって大規模な農業経営を行う「富豪の輩」が生まれた。彼らは私営田と呼ばれる農地を確保し、出挙に始まる耕作の管理運営（勧農）、金融や交易などを総合的に行い、富を蓄積した。藤原清廉も、大蔵省官人としてつとめあげる一方、在地に進出して成功したのであろう。大和国宇陀郡に本邸を構えるほかに、伊賀国に納所（倉庫の意。収穫物を蓄えるとともに、商業活動や物流の拠点となった）を持つなど、複数の拠点を据えて活動を展開していた。大和国内で都合が悪いことがおこれば、伊賀国の東大寺領荘園に逃げるなど、広い範囲で富豪層のネットワークが形成され、相互に便宜をはかっていたことがうかがえる。

前出の吉祥天女の説話と同様、ここでも下文が登場する。指定された蓄積先で、額面を記載した下文を提示することで、持参人に支払いが行われるのである。支払いを受けると「返抄《へんしょう》」という請け取り（領収書）を渡して、決済の証拠とする仕組みであった。清廉の場合は、大和国外の納所が指定されると、せっかくの下文が空手形に終わってしまうかもしれないという危惧があったため、国内の自邸において支払うよう命じられたのである。

租税の納入や財貨の出納に関しては、そのたびに文書が作成され、記録される手続きが機能していた。納入や支給が分割されたり、滞ったりすると、さらに多くの文書が必要となり、手続きも複雑化する。国司（受領）の支配力は、国内に勃興するさまざまな勢力によって次第に劣勢となったが、文書行政は逆に複雑の度合いを深めていった。受領のもとで培われた金融上の操作の手法や技術を基礎として、中世の経済を動かす仕組みが形成されたのである。

一方、多くの所領を経営する清廉のような富豪も、大量の文書や帳簿によって経営の管理を行っていた。同時に彼は、複数の拠点において、収穫物をはじめとする財貨を蓄積し、流通・交易に供していたのである。先に触れた『医心方』紙背文書の国務一覧の中にあった「国内富人事」あるいは「国中悪人勧善事」という項目は、清廉のような者の経済活動を国衙が掌握し、漏れなく官物を徴収する行為を示していたと考えられよう。

土佐国が主殿寮《とのもりょう》を訴える

「猫恐の大夫」では国司が官物をとりたてる側であったが、国司自身も国内から徴収した官物のなかから、朝廷の官司(役所)への納物や貴族や寺社への給付である封物を支払わねばならなかった。国司からの弁済(納付・支払い)は必ずしも円滑には行なわれず、諸官司・諸家は国司から支払いを受ける代わりに、同国内に財源となる所領の獲得をはかった。負担を逃れたい国司と、直接経営に乗り出したい諸官司・諸家との交渉の結果、特定の領域の囲い込みが行われるというのが、荘園成立の道筋のひとつとなった。諸官司の所領は便補保《べんぽのほ》と呼ばれ、朝廷の儀礼や内廷生活を支えるための種々の経費に充てられることになった。ここでは、主殿寮への納物をめぐる同寮と土佐国との争いに注目し、地方から中央への富の流れの変化について考えてみたい。

主殿寮は、天皇の湯沐《ゆあみ》のための湯・宮中の灯火の手配、禁庭の掃除などを担当する役所で、これをまかなうために諸国から薪炭・油、仕人に支給するための米等を徴収した。ここで検討するのは承安二年(一一七二)に、土佐国司藤原資頼《すけより》が主殿寮への納物の油について、寮側の要求する弁済方法が不当であると訴えた一件である。太政官は、直接の当事者である土佐国雑掌《ざっしょう》紀頼兼と主殿寮沙汰人（年預《ねんよ》）伴守方を召喚して、問注（事情聴取と口頭弁論）を行った。そのときの記録がのこっている（承安二年九月二十二日　土佐国雑掌紀頼兼・主殿寮沙汰人伴守方問注記『壬生家文書』）。

国雑掌は国司の下で文書作成等を担当する役で、現役の下級官人がつとめることが多かったらしい。紀頼兼も太政官の右官掌《うかじょう》として活動中で、在京のまま土佐国関係の事務を処理していたと思われる。彼の上司である土佐国司藤原資頼は、仁安《にんあん》元年（一一六六）から承安元年（一一七一）まで備中国司をつとめ、その後土佐国司に転任した。頼兼も土佐の前は備中国雑掌をつとめていたと述べているので、国司と国雑掌はセットで備中から土佐へ管国を替えたことになる。要するに国雑掌とは、国司との関係によって活動する在京の役職と考えられる。被告側の伴守方は、主殿寮の年預という地位にあり、同寮の実務責任者であった。伴氏はこの後、年預の地位を世襲し、同寮の中世的再編に挑む立場である。

第一の争点——国下《こくげ》か京下《きょうげ》か？——

さて、この相論には二つの争点がある。第一の争点は、土佐国から主殿寮への弁済の方法が、国下（現地での支払い）か京下（京都での支払い）かという問題である。国側は国下を、寮側は京下を主張している。

頼兼の主張では、土佐国は以前から国下方式を採用している。久寿二年（一一五五）以来の国下の証拠書類がそろっており、京下の例は全くないという。一方、守方の言い分は次のとおり。

久寿年間以来国下方式をとっていることは、頼兼の主張のとおりである。しかし国下は寮側が特に同意した場合に限って採用されるもので、前例とすることはできない。また、長寛二年（一一六四）に宣旨（天皇が出す文書）によって月ごとの油の進済国を定め、寮から切下文《きりくだしぶみ》を出して徴収している。二代前の同国国司藤原家光の時には、守方自身が同国雑掌をつとめており、土佐国の納物を京下方式で収納した。証拠書類は残っていないが、そのとき実際に支払いを受けた召使二名は健在なので、必要ならば呼び出して確認してほしい。

頼兼が国衙の記録や主殿寮の使者の請文《うけぶみ》（報告書）を証拠として提出しているのにくらべ、守方のほうは直接京下を示す書類を提示できず、いささか迂遠な主張を重ねている。詮ずるところ守方の主張は、「いままで便宜的に国下を認めてきたが、徴収が難しくなってきているので京下方式に改めたい」ということなのだ。最近では播磨国について、同様の措置をとっているという。

ひとまず、問題になっている国下と京下について整理しておこう。国下とは、納物の弁済を命ずる国司庁宣（国司から国衙に宛てて出される下文様式の文書）を、主殿寮の使者が受領し、当該の国に下向して国衙から納物の支払いを受ける方式である。『今昔物語集』の例で見たように、支払い命令文書を受け取って、財貨の蓄積拠点に持ち込み、額面どおり払い出してもらうわけである。京下の場合は、主殿寮が発行する下文様式の文書を国司あるいは国雑掌に示し、京都において支払いを受ける。この場合の文書は、主殿寮から土佐国に下命して、一定量の油や米等の進済を求める内容で、料紙を細く切って用いるために切下文と呼ばれた。

主殿寮にしてみれば、国下では、支払いを受けるために、主殿寮の要員が現地に下って、国衙の役人に要求しなければならない。京下なら、京都にいながらにして支払ってもらえて、交渉もずっと楽なはずなのである。だが国司のほうは、国司庁宣を渡して、あとは現地の国衙に任せてしまえば、京都における自分の懐は痛まない。国司が現地に下らず、在京することが一般的となり、国司の資産と国衙の財政とが必ずしも連動しなくなった事態の結果であった。

　諸国が諸官司・諸家への納物をどのように弁済するかについては、東大寺の封戸《ふこ》・封物《ふうもつ》をめぐって研究が積み重ねられてきた。大石直正氏・佐藤泰弘氏の研究にしたがって整理してみよう。封戸は貴族や寺社に対する国家的給付の方式のひとつである。特定の〝戸〟（律令制度において人別把握の単位とされた家）が国に納めることになっている官物（租税）を、貴族や寺社の俸禄に充てる。貴族や寺社に納められる官物が封物と呼ばれる。

　十一世紀中期には、東大寺への封物の支払いには二つの方法があった。ひとつは「見下《げんか》の弁」といい、京都やその近辺に国司（受領）が構えた倉庫（京庫）や収納の拠点（納所）から寺使が受け取る。いまひとつは「弁補」で、寺使が諸国の現地に下って徴収を行う。前者が京下、後者が国下に相当する。しかし白河院政期以降、国司による封物の弁済状況は悪化する。これを解決するために、「弁補」方式の発展形態として、特定の領域を限って封主の所領とする荘園や便補保が生まれた。

　すなわち諸官司・諸家への納物・封物の弁済方式は、京下から国下へと変化し、さらに便補保や荘園という一定の領域所有にいたると考えるのである。

第二の争点──宣旨枡か寮枡か？──

土佐国雑掌紀頼兼と主殿寮沙汰人伴守方の相論の第二の争点は、収納時の枡の種類だった。土佐国からの納物の徴収にあたって、その計量を宣旨枡（第一章でみた、後三条天皇が定めた公定枡）で行うか、寮枡（主殿寮が独自に定めた枡）で行うかが問題とされた。後者のほうが主殿寮にとって有利な規格（要するに宣旨枡より大きい）になっているらしい。

頼兼によれば（国下となっている）久寿年間以来、ずっと宣旨枡を用いてきたという。これに対して守方は、請使《うけつかい》の禅子丸《ぜんすまる》が事情を心得ずに、この二、三年宣旨枡で受け取ってしまっていたにすぎないと反論する。頼兼は宣旨枡を用いた誤った実績を、前任の備中国の収納にも援用し、備中国の未済分の支払いを、事実上減額しようともくろんでいるのだと攻撃する。

枡については、関連する守方の申状《もうしじょう》が残されており、さらに詳細を知ることができる（承安二年九月　主殿寮年預伴守方解案『壬生家文書』）。守方は、主殿寮にとって不利な枡を使用したのは、もっぱら使者として徴収を行う者の不手際だったと述べる。この申状では、土佐国に下ったのは「借上友連《かしあげともつら》の代官有利《ありとし》」と述べられており、有利は前任・前々任の国司のころにも、土佐国の収納にあたっていたという。一方で、備中国は「備中借上有末」が担当し、こちらは寮枡で収納を行っていた。諸国から国下方式で納物を取り立てる場合、実際に現地での交渉や収納を担当するのは「借上」と呼ばれる金融業者であり、彼らは国ごと（あるいは地域ごとか）に担当の区域を持っていたらしい（先の問注記に述べられる「請使禅子丸」と守方申状の「借上友連の代官有利」とは、同じ役割を果たしていると考えられる。禅子丸は友連か有利の通称かもしれないが、不明である）。

さらに注目すべきなのは土佐国の前々司（藤原家光）のときの体制についての、守方の発言である。当時主殿寮の年預は守方の父正方で、守方は同国の弁済使をつとめていたというのである。弁済使とは在京の国司のもとで諸方への納物の弁済を担当する役である。したがって、この時には借上の下向はなく、京都において寮枡を用いた弁済が成された。彼は問注記のほうで、前々司のもとで土佐国雑掌であったと言っているから、国雑掌と弁済使を兼任して、文書作成と納物の決済の両方を担当していたことになる。

国下から京下へ

このように経緯は複雑なのだが、注目しておきたい点をまとめておこう。十二世紀半ばには、諸国から諸官司への納物弁済の方法として国下・京下の二種類の方式があり、国司は前者、諸官司は後者を望む傾向があった。在京の国司の下には、国雑掌・弁済使等の事務担当者がおかれたが、この役は朝廷の下級官人がつとめることが多かった。国司と国雑掌・弁済使との関係は、京都貴族社会における人脈の一部であり、任国が替わってもそのまま続くものであった。一方「国下」の徴収は、借上に委託されていた。借上は、活動の拠点としている地域において、集金を請け負っていたと思われる。

諸官司の官人と国雑掌とは納物をめぐって対立しうる立場にあるが、両方の役割を兼ねている者も多く、互いにいつでも入れ替え可能という関係にある。そのため両者の対立や確執は真に切迫したものにはなりにくかった。相互の緊張関係から、変化や成長の芽が生まれるような状態にはなかったと考えられるのである。さらに、諸官司と在地とが出会う機会であるはずの「国下」型の徴収システムは、官司の関係者が直接管掌するのではなく、金融業者（借上）に委託されていた。国下の場合、在京の国司から国衙に宛てた国司庁宣が作成され、主殿寮に交付されるわけだが、主殿寮の官人が国衙に赴くわけではなく、借上に庁宣を渡して決済を行ってしまうのだろう。その後借上は現地に下り、額面にしたがって支払いを受けるのである。諸官司と諸国との関係は、借上に庁宣を譲渡した時点で完了してしまい、中央と地方をめぐる問題や摩擦などは表面化しない仕組みになっていた。

上記の相論で重要なのは、少なくとも久寿二年以降は国下方式が実施されていたにもかかわらず、また京下方式に戻すことが、主殿寮によって主張されている点だろう。朝廷の儀礼・行事や内廷生活を運営するための財源は、律令制の本来の姿においては、諸国からの官物が大蔵省等に蓄積され、そのなかから必要に応じて担当部署に配分・給付されることになっていた。だが院政期以降、諸国から中央への富の流れが、太政官制度の枠外に権力の核を築いた院へと向う水路に逸れていくにつれ、各官司は必要な財源を独自に確保する必要に迫られた。主殿寮においても、便補保と呼ばれる所領の設立（安芸国入江保、美作国飯岡保・宇野保、近江国押立保以下五カ国に設定されたと、文治《ぶんじ》六年〈一一九〇〉四月の伴守方注進状案〈『壬生家文書』〉に述べられている）、供御人《くごにん》の編成（供御人は朝廷への特定品目の調進のために編成された集団。主殿寮では京都近郊の小野山供御人が代表的存在で、同寮に炭や松明を納めた。彼らはのちに洛中で松明を販売し、同寮に商業課税を納めるようになった）等が行われた。一方で、油等について月宛といわれる諸国への恒常的なわりあて、行事ごとの随時賦課等が行われ、諸国所課と総称された。

東大寺をはじめとする大寺社や貴族への封戸からの貢納は、荘園の成立へと変革をとげ、見下の弁・弁補ともに過去のものとなった。しかし主殿寮等の朝廷の官司においては、便補保の経営は必ずしも円滑でなく、経費を賄うに足る独立した財源を確保することは難しかった。一方で朝廷が主宰する公事《くじ》（儀礼・年中行事・造営事業等）の経費は諸国から調達されるのが本来の方式であるとする認識は維持された。これは〝公事〟が国土全体の合意や共感を得て実施されるという理念の上に成り立っていたからである。したがって朝廷が、諸国所課をいかにして徴収するかという問題は、少なくとも鎌倉時代を通じては残ったのである。十二世紀後半には、諸国の未済によって国下方式が行き詰まり、京都での決済（京下）に一本化される方向性が定まってきていたのだろう。

国下と京下の問題については、十世紀後半以降の財政制度の再編から荘園制の成立を見通す視点での考察が主に成されてきており、鎌倉期以降を研究する立場から過去の経緯を検証する見かたは重視されてこなかった。だが、鎌倉期にも国下と京下について言及した史料があり、朝廷経費の調達をめぐる大きな問題のひとつとみなされていたことは確かである。

「中央―地方」関係の転換

諸国条事定《しょこくじょうじさだめ》・公家新制

正元《しょうげん》二年（一二六〇）四月六日付の摂津国司《せっつのこくし》解《げ》のなかに次のような一条が見える。

一、先例に任せられ、国司切符をもって所部当国所当諸司所々済物等を催し済せしむるを請うこと

右、同じく案内を撿ずるに、当国の例、所々済物使到来の時、庁宣を給わり本国に下し、庄園所当官物を切り宛つるは承前の例なり。しかるに近年済物使等庁宣を請け取らず、京都において国司を譴責す。熟国なおそのことに堪えず、いわんや亡国の吏においてをや。望み請うらくは天裁を、先例に因准し、京都の責めを停止し、庄園に切り宛て、その勤めを致せしめんと欲す。

（『妙槐記《みょうかいき》』文応元年〈一二六〇〉四月十三日条）

これは朝廷で行われる諸国条事定という政務の場に、摂津国司から提出された数カ条の申請のうちの一条である（「解《げ》」は上申状の意の古文書の様式名）。内容は、まさに土佐国雑掌と主殿寮沙汰人とのあいだで争われていたことと同じである。国司は済物を求める使者に国司庁宣を与え、

管国に下って必要品を徴収させるのが先例にかなったやりかただと考えるのだが、使者らは国司庁宣の受け取りを拒否し、京都の国司を責め立てて徴収しようとする。このような状況は豊かな国にとってさえ重荷で、中小の国にとっては対応し難いので京下は中止し、国下方式にしてほしいと要望しているのである。

諸国条事定は諸国の国司からあげられてくるさまざまな問題や要請を討議する政務だが、院政期以降、次第に内実の伴わない儀式と化し、形式のみが残ることになった。事実、正元二年から三十年以上も後の正応《しょうおう》六年（一二九三）にも、国司の名前が違うだけで、内容は全く同じ摂津国司解が提出されて、諸国条事定が行われている（『勘仲記《かんちゅうき》』永仁元年〈一二九三〉八月五日条）。このような定式化された国司解は、諸国条事定が実質を備えていた最後の時期の典型的な内容が、そのまま受け継がれたものと考えられる。その最後の時期とは、おそらく先述の訴訟が行われていた十二世紀後半頃で、中央と地方との関係の大きな転換点であり、国下か京下かというのは、その際の先鋭的な問題のひとつだったのだろう。

また、やはり十二世紀後半、建久二年（一一九一）三月二十二日に発せられた公家新制（朝廷が定める新しい法令。政権の方針を発信する意味を持つ）のなかには「諸司・諸国の不当を誡め仰すべきこと」という一条がある。その内容は、以下の通りである。

諸司は諸国の未進が問題だと主張し、諸国は諸司の苛責がひどいと訴える。（諸司の）年預は頻繁に非法を企て、（諸国の）雑掌の不当も多く、公事の実施に支障を生む結果となっている。諸司の公物を年預が私的に流用し、諸国の済物を雑掌が私物化する。今後は公用を第一とし、私利を貪ってはならない。諸司が年預の非法を誡めず、諸国が雑掌の不当を禁ぜず、私をもって公を妨げ、制度や法に背くならば、長官や国司を違勅の罪に問うべきである。

（『三代制符』）

諸官司の年預、諸国の雑掌がそれぞれの公物を私物化したり、納物の弁済について、互いに責任を押しつけあっていることを糾す内容である。諸官司・諸国の財物の収納や管理が、それぞれ年預と国雑掌に担われており、彼らがその立場を利用して私腹を肥やそうとする傾向があったことが知られる。地方と中央との収納をめぐるかけひきは、年預や雑掌にとって、利益獲得の好機ともなりえたらしい。いずれにしても、彼らの活動の場が、時代の転換の要のひとつだったのは確かだろう。その背後には、「国下」をはさんで、それ以前の「見下の弁」と、以後の「京下」とが、一見同じようでありながら、実は異なったものになってしまったという現実があるのではないだろうか。

手形化する富

さらにもう一点、国司庁宣に関わる興味深い史料をみてみよう。保延二年（一一三六）に日吉《ひえ》社神人《じにん》らが債権の未返済について訴え出た事案について、明法博士《みょうぼう》（法学者）が所見を述べた文書である（保延二年九月　明法博士連署勘文案　『壬生家文書』）。日吉社は比叡山延暦寺の鎮守社で、両寺社は一体の宗教勢力として都市京都、あるいは朝廷に対して影響力を行使していた。とくに十二世紀から盛んになった、中央政界に対する実力行使である「強訴《ごうそ》」の場面においては、僧兵と呼ばれる延暦寺の武装した僧らが、日吉社のご神体である神輿を振りたてながら洛中に向かっていった。多くは荘園に関わる訴えだったが、神仏の権威という論理の通じない力を示され、神仏の罰や祟りを畏れる人々は対抗する術をもたなかった。奈良の興福寺にあっては、同様に春日社の神木が強訴の先陣を切り、神仏の威光を見せつけたのである。

延暦寺および日吉社は山門と総称され、荘園の設立、末寺や末社の組織化、信徒からの貢納の運用、物流の掌握等を進め、社会経済的な実力を蓄えつつあった。その活動の一環として、日吉社配下の大津神人（交通の要衝である琵琶湖大津浦を拠点として活動する神人集団）は、日吉社に寄進される米穀（日吉上分米）を、各所に貸し付けて運用していた。祭礼や神事を運営する財源とするため、「諸国を往反」して「上分米をもって借上を企て」ていたのである。ところが「神物」を借用しておきながら、返済しようとしない者が増加し、本来の目的である神事の実施に差し支えるようになったため、朝廷に訴え出たのである。

彼らは債務者との契約書類を提出し、精査のうえ返済命令を出してほしいと訴えた。貸付にあたっては担保をとっている場合も多く、「田公験案《たのくげんあん》五巻」（公験は証拠書類のこと。多くの場合、田地を相続したり買い取ったりした際の証拠文書を貼り継いで巻物に仕立ててあり、その田地を所有する者が受け継いでいく）などが、神人の手に渡っていた。そして田公験とならんで「讃岐守庁宣四枚」「参（三）河守庁宣三枚」「美作当・前司庁宣、請文、返抄等」などがみえる。国司が発行する「庁宣」が、借財の担保として差し出されているのである。国衙に対する支払い命令を内容とする庁宣が、換金可能な手形としてあつかわれていたことを示す事態といえよう。

国下あるいは弁補の一般化にともなって、このような庁宣は数多く発行されたと考えられる。これらは封物・官物の支払いだけでなく、国司の資金調達の手段としても用いられていたということだろう。しかも相手が山門を後ろ盾とする大津神人であったことは、国司による管国経営・都と地方とのあいだの財貨の流通に、金融業者や金融上の操作という要素が入り込んでいることをうかがわせる。日吉大津神人のような人々は、上分米等による資本力、諸国に展開するネットワークや交渉力を利用して、金融活動を展開していった。

受領から知行国主へ

庁宣が確実な手形として機能し、国衙による支払いが円滑に行なわれていれば問題はなかったのだろうが、国衙からの徴収が困難になったところから、「京下」が求められるようになったわけである。庁宣の信用が低下したと言い換えることもできよう。

「国下」以前の「見下の弁」と、以後の「京下」との相違はなんだろうか。「見下の弁」は京庫や納所における支払いである。それでは京庫とはなにか。佐藤泰弘氏の研究に拠って説明すると、「京都およびその近辺に設けられた受領の私的な倉庫」であり、そこからの支払いは「受領の私物から官物を支払うことを特徴とする」。このような京庫の成立は天暦年間（九四七～九五七）を初見とし、当初は受領による官物の私物化として非法とみなされていたが、次第に朝廷の行事用途調達の仕組みに組み込まれていき、十一世紀初頭には公認の存在となったという。十世紀後半の国家財政の再建期に、受納者（諸官司・諸家）が自らの手で官物の徴収に乗り出す「弁補」方式が生まれ、同時期に、受領は京庫やその近辺の倉庫群に私的な蓄財を進める。これによって、催促される品々を受領が京庫・京宅から支払う「見下の弁」方式が成立する。「富を蓄え、地方では権勢を振るうが、政治的には上級貴族に従属する所謂『受領らしい受領』が顕在化するのは、まさにこの時期だ」と佐藤氏は述べている（『日本中世の黎明』第Ⅳ章「徴税制度の再編」）。

しかし十二世紀以降、国司は任国に下らず在京化し、遥任といわれる体制が一般化する。受領の時代は終り、諸国は支配や統治の対象ではなく、いわば利権とみなされるようになる。この利権を、院の差配によって近臣らに配分するのが知行国制度で、知行国主となった者は、自分の近親者や家司を国司に任じて収益を得るのである。この制度によって、受領になるには身分が高すぎる公卿などが知行権を得たり、一人で何カ国もを支配したりすることが可能になった。

だが国主・国司と管国との直接的なつながりは希薄となり、中央貴族社会は内に向かって閉じていくようになる。逆にいえば、直接的な関係に拘束されないからこそ、自由度が高まって、利権としての配分が可能となったといえる。借上がになう金融や物流の出現が、この自由を実現したのである。

京庫の消滅

本節冒頭に掲げた正元二年の摂津国司解の一条は、弁済を求める諸官司の使者に対して、要するに国司がこう述べているのである――京都の自宅に来られてもない袖はふれない、庁宣を書いてやるから現地に下向して、勝手に済物をとりたててほしい。

庁宣を持参すれば、自動的に財貨と引き換えてもらえるという、庁宣の信用能力はもはやうかがえない。管国内から自力で徴収を行ってくれと言っているので、庁宣はその行為に合法性を与えるだけの意味しか持っていない。国司が管理する京庫も納所も、その気配すら感じられず、国司は手持ちの財貨を催促されることを恐れているだけである。庁宣にしても切下文にしても、事務的な手続きの一環として支払いを実現する効力を失い、交渉や説得、ときに強要や恫喝を通じて、運がよければ額面の一部を落手できるかどうかという、まことに怪しげな力しか持たなくなってしまった。

十二世紀以降の京下は、国司管轄下の京庫衰退後の京都での決済を意味し、国司や国雑掌が公事用途の催促を受けて、手持ち資金から支払う方式だったと結論できる。国下方式は次第に非現実的となり、京下が一般化するにつれ、「国下」「京下」という用語じたいも不要となって忘れられていったのだろう。管国から国司（受領）へと物資が運ばれ、京庫に蓄積される即物的・単線的な富の流れは過去のものとなる。受領のもとに組織されていた公領管理・徴税・物流等の要素は、荘園領主や金融業者の配下に分散され、より複雑な関係が構築されていった。この現象は、中央政権を地方支配から遊離させ、地方に対する統制力を弱めたが、富の動きが多様化することにより、社会全体の活性化を進めたといえるだろう。また支払い命令書としての下文の利用や、荘園整理令にみられる文書主義の登場は、取引や契約の乗り物としての文書の役割の確立につながった。現物主義ならざる文書主義が、中世の契約や取引をになったことについては、後の章で論ずることにしよう。

院を頂点とする公家政権の構成員らは、知行国主・荘園の本所や領家として、土地支配の体系の上位を占めることになるが（荘園支配の仕組は階層構造を成しており、皇室・摂関家の本所の下に一般貴族層の領家が位置し、さらにその下に預所・下司等の現地支配者がおかれる）、彼らは財貨を直接管理するのではなく、金融や物流に関わる勢力を、いわば取引銀行として利用し、必要に応じて財貨を調達していく。飛躍的な自由を得た財貨は、あいかわらず他にならぶもののない権力の主体である院に集中していくが、一方であらたな蕩尽の道筋を見出すことになる。

武装僧侶がゆく　『春日権現験記絵』『日本絵巻物全集15』（角川書店）より

蕩尽から戦争へ

武装化の時代

国司の統制力の低下・荘園の成立をはじめとする社会の変化により、各地に自立した勢力が生まれ、多くの抗争が発生した。なかでも寺社勢力は国家の統制を離れ、独立した経済基盤の獲得・末寺末社の組織化等を進めて躍進を遂げた。俗世の関係が家柄や血縁に大きく左右されるのに対し、寺社における非人格的な組織力や永続性は傑出しており、成長の推進力となったのである。一部の僧侶や神人が武装して、武力による問題解決に乗り出したことで、時代は大きな転回の局面をむかえた。

先にも触れたように、彼らは朝廷に対して強訴と呼ばれる示威行為を実施し、抗争の解決を訴えた。大和興福寺がはじめて強訴を企て、春日社の神木が入京したのは寛治七年（一〇九三）である。春日社領の近江国市荘に対して、白河院の近臣で同国国司の高階為家《たかしなのためいえ》が臨時の賦課をかけたことが原因であった。荘園についての有利な裁定を求め、寺院の人事や待遇の不満を訴える、武装したうえに神の権威をふりかざした集団は、しばしば都を脅かした。

寺社勢力が独自の力を獲得した結果として強訴がおこったことは確かだが、彼らは既存の支配体制から離脱したり、政権を倒そうと企てていたわけではなく、むしろ王権の承認を得たいというメッセージを発していたのだ。分権化に向う趨勢のなかで、激烈な方法ではあるにせよ、強訴は王権とのコミュニケーションをはかり、分裂や断絶を回避する手段であった。王権との馴れ合いに裏付けられた行為だが、〝武力〟という要素が前面にかかげられた点が時代の必然であり、事態を先鋭化させた。

強訴に対抗するために中央政界に導入されたのが武士である。それまでは前九年・後三年の役における蝦夷征討にみられるように、武士は辺境の防衛を担当していたのだが、朝廷が武装の必要に迫られたことにより、本格的に都に迎え入れられた。この時期の代表的な武士が、平正盛率いる伊勢平氏と源義家の清和源氏である。特に前者は伊勢・伊賀を拠点として成長し、荘園の寄進を通じて院権力と結びついた。正盛は院の親衛隊である北面の武士として仕えるとともに、院近臣の受領のもとで国衙の検非違所や厩別当など武力を必要とする役職を務め、自身も各国の受領を歴任するにいたった。息子の忠盛は山陽・南海両道の海賊追討を通じて西海に進出し、また後院領肥前国神崎荘の預所の地位を利用して、日宋貿易に関わるようになった。

中国との貿易は大宰府が統括し、来航者には大宰府の役人が対応して舶載品を確認し、京都朝廷に問い合わせたうえで交易の認可を行っていた。だが長承二年（一一三三）に宋船が九州に来航した際、忠盛は大宰府の関与を退け、一部の宋船に対する独占的な権利を主張した。彼は鳥羽院の意向をあらわしたと称する下文を作成し、自らの主張を証明するものとして示したという（『長秋記』長承二年八月十三日条）。神崎荘は皇室領として承和三年（八三六）以来の由緒を持つ広大な荘園で、肥沃な佐賀平野の中心部（現在の佐賀県神埼市）に位置し、博多にも倉敷（年貢の積み出し等のための港湾施設）を所有していた。忠盛以来、院近臣が日宋貿易に進出するための拠点として機能するようになったのである。

仁平三年（一一五三）に忠盛が亡くなった時、摂関家の藤原頼長はその日記にこう記した（『宇《う》槐記抄《かいきしょう》』同年正月十五日条）。

数国の吏を経、富は巨万を累《かさ》ね、奴僕は国に満ち、武威は人に軼《すぐれ》る。しかるに人となり恭倹にして、いまだかつて奢侈の行あらず。時の人、これを惜しむ。

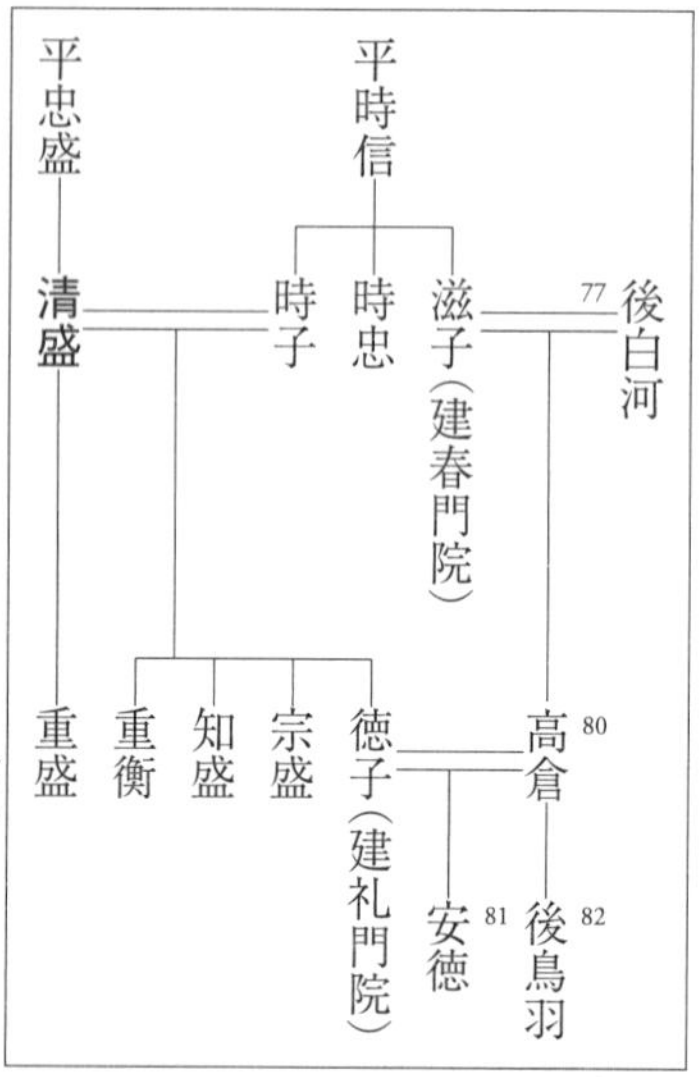

皇室と平清盛

藤原頼長は、非常に優秀だが、同時に容赦のない振舞の多かった人物である。人を見る眼も厳しかったが、忠盛には高い評価を与えている。富と武威を兼ね備え、各地に人脈をひろげたが、決して驕らず、派手なことをしない人柄で、その死を誰もが惜しんだというのである。地方武士の家から出て破格の立身をとげた忠盛は、周囲の反感を買うことも多く、内裏に昇殿を許された際の、公卿らによる「殿上の闇討ち」や、「酢瓶の瓶子《へいし》」と囃し立てられた話などはよく知られている。周囲に配慮しながら力を貯えて、官位を進め、亡くなる前には正四位上で内蔵頭《くらのかみ》や刑部卿《ぎょうぶきょう》を歴任し、公卿への昇進も目前であった。

平忠盛は確かに武士として僧兵の侵攻を抑え、西海の海賊を追討した。しかし上記の経歴からは、武力を行使する専門家にとどまらない彼の守備範囲の広さがうかがわれる。京都―瀬戸内海―北九州地方を結び、大陸との交易へという流れは、中世日本の最も豊かな物流ルートである。これを最初に手にしたのが忠盛であり、萌芽的なものだったにせよ、富と人脈を築き、平氏の名をあげたことは特筆すべきだろう。受領を通じての、個々の国と中央との単線的関係が後退した後の、借上が跋扈し、富が輻輳する状況は平氏の出現によって整理され、同氏を介して地域が相互に結びつき、中央へと通じる体制が準備されたといえる。複数の拠点をつなぎ、交易や金融等の操作を加えられた富は、いっそう勢いを増して京都に流れ込んでいった。

保元の乱

忠盛の息子が、平氏を全盛に導いた清盛である。清盛の世代以降、社会は「ムサ（武者）ノ世」（『愚管抄』）に移行する。過剰と蕩尽が最も極端な形で発現するのが戦争であり、保元元年（一一五六）に勃発した保元の乱はその最初のものだった。戦争へと向かう流れは、寺社における武装の発生の段階からすでに始まっていたと思われるが、武士が京都政界に進出したことにより、以前なら密告や呪詛、関係者の配流や失脚程度で済んでいた政争が、大がかりな武力闘争に発展したのである。闘うために武器を持つのか、武器が手許にあるから闘いたくなるのかは難しい問題だが、合戦はさらなる対立をよび、続く平治の乱（一一五九年）、治承・寿永の内乱（一一八〇〜八五年）と、その規模は拡大していった。十二世紀後半は、地方と中央との関係の転換期だと述べたが、それは同時に戦争の時代だった。

保元の乱は後白河天皇と崇徳院との闘いで、後白河方の源義朝・平清盛らが約六〇〇騎を率いて崇徳院の御所を襲い、院を捕らえ、藤原頼長を敗死に追い込んだ。明け方に始まり、午前八時ごろには決着がつくという、わずか数時間の戦闘だった。これによって源氏と平氏は貴族社会での地歩を固め、一方、後白河を背後から支えてきた近臣藤原信西は、乱後の政界で一気に存在感を高める。

信西は藤原南家の学者の家に生まれた。家格が高くないことから、貴族としての昇進に見切りをつけ、三十九歳で出家して信西という法名を名乗った。とにかく優秀な人物で、学問に優れていることはもちろん、傑出した構想力と、それを実現する合理的な実務能力を備えていた。たくさんいる息子達もそろって優秀で、信西自身は平治の乱で敗死し、一族はいったん低迷するが、後にはそれぞれが活躍の場を見出している。

保元の乱後の後白河の天皇親政の体制下で、信西は七カ条の新制（新しい法令）を起草する。そのなかには「九州の地は一人の有なり。王命のほか、いずくんぞ私威をほどこさん」という、王土思想として知られる有名な一節が含まれる。日本の全土が天皇の支配に帰することの宣言で、分権化する世界の全体を、王権によって遍く覆わんとする意図があらわれている。

彼が打ち出した政策は復古的な色彩が強く、王権の本来の姿をとりもどそうとするものだった。なかでも大内裏《だいだいり》の造営は、天皇の権威を示す舞台を整える意味をもっていた。大内裏は天皇の正式の政務・儀礼の場であり、生活の場でもある。規模が大きいだけに維持が難しく、たびたびの火災等で荒廃していた。天皇は貴族の邸宅を御所に転用して間に合わせており、これを里内裏《さとだいり》と呼ぶが、本来の格式には及ぶべくもない。鳥羽院の治世に、大内裏造営が企てられたこともあったが、「世ノ末ニハカナフマジ」（末世だから到底無理だろう）と判断され、打ち棄てられていた。これを信西が実現しようとしたのだが、さきだつものである造営費用については諸国・諸荘園に造内裏役《ぞうだいりやく》を課すことにした。経費調達の手続きを通じて、全国の荘園・公領を洗い出し、認証を行なうという、荘園整理と一体となった仕組みを案出したのである。彼は鮮やかな手際を発揮し、

「ハタハタト折ヲ得テ、メデタクメデタク沙汰シテ、諸国七道少シノ煩《ワヅラヒ》モナク、サハサハトタダ二年ガ程ニツクリ出シ」たといわれている。造営期間中は毎晩算木を用いて手ずから計算し、必要経費をきっちりと算出し、全国に少なめ少なめと心がけて負担させ、立派に完成に導いた(『愚管抄』)。

王土全体には大内裏復興に十分な富が蔵されており、各方面の状況を勘案して、経費の算出・賦課の配分・物流の整備を行なえば、どこにも無理が生じず事業が達成できたのである。信西には〝政治の効率化〟とでもいうべき発想があったように思う。逆にいえば、やみくもな収奪が無用な紛争や疲弊を招き、必要なところに富が届かないのが、それまでの現実であった。

信西は平忠盛の後の肥前国神崎荘の知行者であり、日宋貿易にも関わっていたと考えられる。全国の富を効率的に編成し、物流を確保する手法は、平清盛に継承された。

平氏政権の構想

信西とその息子達は、むやみに権勢をふるうほど愚かではなかった(なんといっても優秀家系なので)。だが確実に政治を主導し経済基盤を固める戦略は周囲から警戒され、平治の乱によって粛清された。藤原信頼と源義朝が、平清盛が熊野参詣に出かけている留守をねらって後白河院の御所を襲撃し、院と二条天皇を幽閉して政権を掌握(信西は危険を察知して脱出したが、逃げ切れずに南山城で自害した)、その後、紀伊国から京都に引き返した清盛勢が、天皇の身柄を確保したうえで信頼を追討するという二度の戦闘が行われた。清盛は勝利者となり、一方の源義朝は東国に

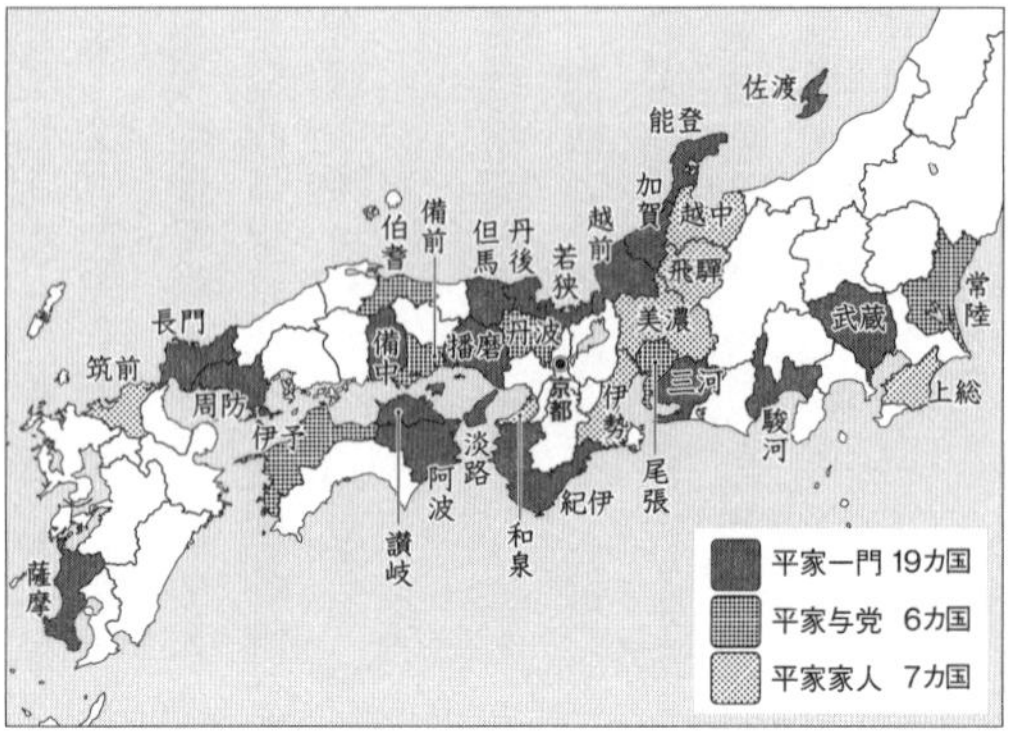

治承三年の政変後の平氏の知行国　地図制作／ジェイ・マップ

落ちのびる途中で殺害され、その嫡子頼朝は捕えられて伊豆国に配流となった。

保元・平治の二度の内乱を経て、政界における武力の意味は飛躍的に高まった。政争の決着を戦争でつけなければならないのであれば、強力な武士を擁することが必須となる。もはや平氏に対抗しうる勢力はなく、清盛を味方につけた者が政界を制するという状況になってきた。清盛は永暦《えいりゃく》元年（一一六〇）にとうとう公卿に列し、貴族社会の一員として本格的に政治に参加する地位を得た。その後も異例の昇進を重ねて太政大臣にまで昇り、一門こぞって栄華を極め、政権を掌握するにいたったのは『平家物語』等に語られ、ひろく知られたところであろう。

平氏の役割は、過剰と蕩尽のいきつくところである戦争を担うこと、また忠盛について触れたように、全国の富の流れを管理・運営することだったと考えられる。平氏一門は全国のほぼ半分といわれる知行国を確保し、安芸国の厳島神社を重要な拠点として瀬戸内海を制し、日宋貿易を管掌した。京都側では福原（現在の兵庫県神戸市）の開発を進め、大輪田泊《おおわだのとまり》を整備してターミナルとした。福原には宋船が来着し、後白河院はわざわざ同地の清盛の山荘に御幸して宋人に対面している。まったく前例のないことで、真面目で常識人の（中世の常識は、先例を重んじるという意味）右大臣九条兼実を「わが朝延喜以来未曾有のことなり、天魔の所為か」と嘆かせた（『玉葉』嘉応二年〈一一七〇〉九月二十日条）。宋との通交や交易は朝政の話題にのぼるようになり、文書や贈物の応酬が行なわれた。

また承安四年（一一七四）には後白河院と建春門院（後白河院妃、平滋子。清盛室の時子の妹）が、治承四年（一一八〇）には高倉院が、清盛の主導で厳島神社に御幸した。高倉院の御幸は清盛の外孫である安徳天皇に譲位した直後のことで、清盛が権力の頂点に登りつめた結果実現したものである。だが譲位後初の参詣は、石清水八幡宮や賀茂社などに赴くのが通例で、前例のない厳島を選んだことは周囲の強い反感を買い、平家衰退の一因となった。

平氏の隆盛は海に向かって開け、いったん地方から遊離して内向にむかった都市京都と中央政界を、再び外界へと導くかに思われた。

受領の最終形態としての平氏

結果からいえば平清盛の描いた海へと展開するデザインは全うされることなく、壇ノ浦での滅亡によって終わった。平氏政権は武士の京都への登場の成果であり、本格的な武家政権である鎌倉幕府の先行形態だとするのが通説である。だがこれまで述べてきたことからすると〝武士〟であるのは平氏の一面に過ぎないのではないか。彼らの多彩な活動のひとつに武士的なものも含まれていた、あるいは、さまざまな能力のなかで武力という要素がきわだっていたと考えたほうが適切ではないだろうか。

平氏が全国支配を進めるにあたっての大きなトピックとして、仁安二年（一一六七）、清盛の太政大臣辞任と前後して、嫡男の重盛が東山・東海・山陽・南海道諸国の賊徒追討を命じる宣旨を得たことがあげられる。当時これらの地方にとくに危険な状況は見受けられず、具体的な追討命令というよりは、平氏に国家的な軍事・警察権を与えるのが狙いだった。清盛の実質的な政権掌握の結果であり、清盛から重盛へ、一門の権力を一部委譲する意味ももっていたのである。政治力を背景とする軍事的拡大で、のちの鎌倉幕府が、治承・寿永の全国的内乱と混乱のなかでの軍事行動を梃子に、朝廷による追討命令を獲得しながら支配圏をひろげていったのとは逆の展開といえよう。

本章のはじめでは、受領の配下に求められる能力が未分化で多方面にわたることを論じた。文筆や経理の能力とともに、国内の秩序維持や徴税にあたっては武力もまた欠かせない要素だった。そうであれば平氏政権の本質とは、武力に傑出した全国規模の受領、すなわち受領の最終形態というべきものだったのではないだろうか。平氏は一国単位ではなく、全国を経営の対象としており、その方針を支持する各地の武士団や有力者を傘下に集めた。より広い範囲を経営対象とすることによって、物流は合理化され、回流する富は増大する。平氏の軍事組織も、一種の利益共同体と考えたほうが適当で、平氏権力の低下とともに人々が離散するのも不思議ではない。

最後に平氏政権の限界について触れておこう。彼らの遺した文化遺産としては、京都の蓮華王院（三十三間堂）と厳島神社の平家納経をあげることができる。前者は長寛二年（一一六四）に後白河院御所の法住寺殿の一画に建てられた。清盛の父の忠盛が、鳥羽院のために建立した得長寿院の例に倣って企画され、三十三の柱間を持つ長大な建物のなかに、千体の仏像を安置する趣向である。院政期にはこのような千体仏堂・千僧供養（千人の僧侶を集めて行なう法会）などが盛んに営まれた。清盛も福原和田浜や厳島などで何度も千僧供養を催している。「物の千になりぬれば、必ず精霊あり」（『五代帝王物語』）という認識に基いているのだが、実際には大量の仏像や僧侶によって権力と財力を示すほうが大事だったのだろう。

もうひとつの「平家納経」は、同じく長寛二年に、清盛が一門の繁栄を祈願して厳島神社に奉納した三十三巻の装飾経である。非常に豪華で精緻を極めた工芸品で、それぞれの経巻に当時の最高峰の素材と技術、芸術的創意が駆使されている。黄金の蓬萊山を凝縮したミニチュアのユートピアを見るかのようである。だが、絢爛たる内向ともいえる「平家納経」の世界は、明るい海に向かってひらく厳島神社の景観とはあまりにもギャップが大きい。

ふたつの文化遺産は、過剰と蕩尽の担い手としての平氏によってもたらされた。物量で圧倒し豪奢を凝縮する文化・芸術の手法は、院政期で終わりを告げる。鎌倉時代の文化に〝豪華〟という修飾語はつけようがないが、構造的転換がもたらされたのはあきらかで、それこそが平氏には成しえなかったことであった。

第三章　隠遁文学の思想——鎌倉時代（一）

鴨長明と『方丈記』

旱魃・飢饉・地震

源氏と平氏が戦った治承・寿永の内乱の時代は、戦乱だけでなく、災害もまた人々を襲い、苦しめた。治承四年（一一八〇）は源頼朝が挙兵し、武家政権樹立へと歩みだした年だが、ちょうどその夏、京都周辺では記録的な旱魃がおこり、秋から翌年・翌々年にかけて大飢饉となった。その様子をなまなましく伝えるのが鴨長明の『方丈記』である。

同書の記述によれば、養和元・二年（一一八一〜八二）は、春夏が日照り、秋は大風や洪水などが続き、五穀が実らず、たいへんな凶作となった。生活できなくなった百姓らは、田畑を捨てて難民化した。地方の生産物がまったく輸送されてこないため、都も窮状に陥った。「京のならひ、何事《なにわざ》につけても、みな、もとは田舎をこそ頼める」と『方丈記』は述べる。地方の産物が大量に流入することによって支えられていた都市生活が成り立たなくなってしまったのである。

京都の住人達は、手持ちの財物を売り払って食糧を手にいれようとしたが、黄金よりも粟のほうが貴重というありさまで、乞食は通りにあふれ、怨嗟の声が満ち満ちた。追い打ちをかけるように疫病が流行した。市中には餓死者の遺体が数知れず、片づける者もないという悲惨な状況であった。売るものがなくなった人々は、自分の家を壊して薪にして市場に出し、さらに古寺の仏像や法具まで盗み出して薪にしたという。

親子・夫婦などでは、情愛の勝っているほうが必ず先に亡くなる。わずかに手にはいった食物を、自分は食べずに相手に与えるなど、我が身を捨てて愛する者に尽くすためである。仁和寺《にんなじ》の隆暁《りゅうぎょう》法印という僧が、このような事態を嘆き、死者の額に「阿」字を書いて、仏に結縁させることを思い立った。京中を回って行を続けたところ、養和二年四月・五月の二カ月だけで四万二千三百余の死者を数えたという。

飢饉の後には大きな地震が続き、こちらもただならぬ様相であった。海が傾いて陸地を浸し、地面が裂けて水が湧き出で、巌が崩れて谷に転げ落ちたという。津波・液状化・土砂災害である。京都では堂舎・民家の倒壊するもの多く、余震も激しく、次第に間遠になりながら三カ月あまりも続いた。

この地震は元暦二年（一一八五）七月九日に発生した。『玉葉』『山槐記《さんかいき》』『吉記《きっき》』等、同時代の日記に詳細な記事が残っており、『方丈記』の記述を裏付けることができる。地震を体験し、その経過に従って記されたこれらの日記も、多くの建物の倒壊を伝えている。白河辺では法勝寺の九重塔の心柱が傾き、瓦が落下するなど、大きな被害があったという。院政下の過剰と蕩尽、都の繁栄が覆されたのである。『山槐記』の記主中山忠親は、揺れのひどさについて、「目がくらんで頭痛がし、気が遠くなりそうで、ひどい船酔いのようだ。とうとう天下が破滅するのだろうか」と述べている。琵琶湖の水も北側に流出して水位が減じ、山城・大和・近江の三カ国が甚大な被害をこうむったという。歴史地震研究の成果によれば、この地震のマグニチュードは七・四程度と推定されている（宇佐美龍夫『最新版　日本被害地震総覧』）。

気候の長期変動という観点からは、日本の中世は温暖化が絶頂に達した時期に始まり、その後、もっぱら寒冷化のなかで推移したことが指摘されている。十五〜十六世紀の戦国時代は寒冷期の極にあたり、十六世紀末に急速に温暖化に向うのが、統一政権の成立と軌を一にしているという（山本武夫『気候の語る日本の歴史』・石井進『中世のかたち』）。

一一六六年から七六年までの平清盛の全盛期は、十分に高温で降水量も多く、農業には最適の条件であったが、治承・寿永の内乱が始まるころには、高温化が旱魃に転じ飢饉を招いたのである。ただしこのような旱魃型飢饉は西日本には大きな打撃となったが、東日本ではむしろ高温のため作柄は悪くなかった可能性があるという（荒川秀俊『飢饉』）。東日本においては長雨のほうが恐れられており、日照りは豊作につながるものと認識されていた。飢饉で疲弊する西日本の社会を、余力のある東日本から出てきた武士が圧倒したのが源氏による平氏の打倒、武家政権の成立の背景のひとつと考えられる。ただし、この後の寒冷化の流れのなかで、飢饉の性格は旱魃に由来するものから冷害型へと変化し、関東から東北地方にとっては辛い時代がやってくる。飢饉ばかりでなく地震や大火、疫病など、科学が未発達で社会基盤が整備されていない状況では、苛烈な自然条件は次々と不幸な連鎖を呼ぶ。『方丈記』の語る悲惨は、その入り口にすぎなかったといえるだろう。

『方丈記』の無常観

あいつぐ天変地異と人々の苦しみを体験して、『方丈記』の作者鴨長明が到達したのが「ゆく河の流れは絶えずして、しかも、もとの水にあらず。よどみに浮ぶうたかたは、かつ消え、かつ結びて、久しくとどまりたる例《ためし》なし。世の中にある、人と栖《すみか》と、またかくのごとし」という、同書冒頭の境地である。「建暦《けんりやく》の二年、弥生のつごもりごろ」（一二一二年、三月の終わりごろ）、長明五十八歳の年に成立した『方丈記』が語る、社会の変転と、そこから生まれた思想・人生観について考えてみよう。

長明は保元の乱の勃発する前年、久寿二年（一一五五）の生まれとされる。「武者の世」の開幕とともに生を受け、内乱と権力の頻々たる交替のなかで成長し、活動した世代である。彼は次のように述べる。「京の都がにぎわっていることはいつも変わらないが、実のところは時間の経過とともに、家屋敷は建て替えられ、人々も住み替わり、亡くなる者があり生まれる者があって、すべてが仮の宿りにすぎない」。

彼はまた治承四年（一一八〇）の平家による福原遷都をも体験していた。平清盛の強引な施策により、朝廷・貴族らはろくな準備もないまま福原に移動させられた。清盛としては、京都から離れることによって、平氏主導による独自の政権樹立への布石としたかったのであろう。海に臨み、背後を山に囲まれた福原の地は、鎌倉の地形と共通する点が多い。だが交易や流通の拠点として優れ、別荘地としては風光明媚であっても、福原は都とするにはあまりに狭小で、整備も遅々として進まなかった。ここに朝廷や都の機能をすべて入れ込むのは不可能で、清盛は結局半年ほどで還都の決定をせざるをえなかった。「古京はすでに荒れて、新都はいまだ成らず」と長明は書くが、変遷流転する人や家屋を収めるはずの都の繁栄さえも不確かであることを目の当りにして、彼の無常観はいっそう深まったにちがいない。

長明は都を襲ったさまざまな災害について詳細に述べた後、住居についての自説を展開する。「すべて、世の中のありにくく、我が身と栖との、はかなく、あだなるさま、また、かくのごとし」、すなわち、現実世界は暮らしにくく、自分自身も住まいも、まことに儚い存在である。住宅の場所ひとつとっても、しがない身の上の者が権勢者の近くに住めば、絶えず畏まっていなければならない。富者の隣に住めば、我が身のみすぼらしさが恥ずかしく、家族や召使が隣家の暮らしぶりをうらやましがる姿を見なければならない。たてこんだところでは火事が怖いし、辺鄙なところでは不便なうえに盗賊に遭う危険も大きい。権力のある者は貪欲になり、独り身だと軽んじられる。財貨を持てば不安が多く、貧しければ恨みがましくなる。誰かを頼れば自由でなくなるし、他人をいつくしめば恩愛の情に束縛される。世間の常識に従うのは窮屈だが、従わなければ狂人あつかいされてしまう。いったいどこに住んで、どのように暮らせば、安心できるのだろう。

以上のような次第で、あまり考えてもきりがなかろうと思うが、住宅の立地ひとつとっても、身の置き所をみつけがたいというわけである。いずれにしても、生きることの煩わしさ、住居の選択の難しさにことよせつつ論が進められる。

鴨長明の「家の履歴書」

さて、長明自身はどのような家に住んできたのだろうか。彼はもともと父方の祖母の家を受け継いで住まいとしていた。だが、その住居を維持することが難しくなり、三十代のころに転居し（鴨川の近くと思われる）、はじめて自分の判断で家を建てたという。もとの住居にくらべると十分の一の大きさで、自分が起居するための建物だけは造ったが、そのほかの棟まで手が及ばなかった。周囲に形ばかりの築地塀は築いたが、門を造る予算は残っていなかったという。必要最小限の普請を行ったということなのだろうが、風雪にあうたびに家屋の痛みを心配しなければならず、河原が近いので水害の恐れもあるなど、悩みはつきなかった。二十年余にわたって、なんとかこの屋敷を維持し、五十代の出家遁世までの日々をおくったのである。

もともと中世の住宅建築は永続性をむねとしたものではなく、簡単な木造家屋を必要に応じて建てたり壊したり、あるいは移築したりと、かなり手軽なものであった。内部も障子や几帳などで適当に仕切るなど、可動性が高く自由である。雨風や年月に負けない堅固な建物を建てるのではなく、問題が生じれば、ただちに修繕や改築を行うことのできるよう財力や人脈等を維持することが大事だったのである。生き物の世話をするように、家にも頻繁な手入れが必要で、少しでも怠ると、家も庭もあっという間に荒れ果ててしまう。だからこそ物語の中では、家屋敷の荒廃ぶりによって、男の訪れが絶えた女の哀れさが語られるのである。

『方丈記』の詠嘆は、家屋に関わる問題というよりも、自らの社会的なエネルギーを維持することの困難、貴族社会の末端で生きていくことの辛さを語ったものであった。長明は妻子とも離別しており、特段の地位もなかったため、俗世に別れを告げることは難しくなかったという。

彼は元久《げんきゅう》元年（一二〇四）五十歳のころに出家して大原に隠棲し、さらに承元二年（一二〇八）ごろ日野（現在の京都市伏見区日野）に移った。ここで終の棲家として結んだ庵が、いわゆる「方丈」の住まいである。鴨川近くの家に比べると百分の一の大きさで、「広さはわづかに方丈、高さは七尺がうち」（三メートル四方〈四畳半強〉の広さで、高さは二メートルほど）、建物は釘や楔の代わりにかけがねでとめて組み立ててあるので、簡単に解体して、いつでも引っ越しが可能であった。薪をとるための林に近く、西側に開けているから、西方浄土を観照するにも最適な立地だったという。家の南側には竹の簀子を敷いて閼伽棚《あかだな》（仏前に供える水や花などを置く棚）を作り、西側の北寄りに阿弥陀仏の絵像を掛け、東側は寝床、西南には竹の釣り棚を作って、黒い皮籠《かわご》（革張りの行李）三つの置き場所とした。この西南部にあるのが、長明が最後に選び抜いた所持品で、皮籠には和歌・管弦や『往生要集』などの仏教に関わる書物が入っており、その傍らに琴と琵琶を置いた。

長明法師画像（伝土佐広周画）　神宮文庫蔵

ここで彼は、誰に遠慮することも、妨げられることもなく、心のままに念仏をとなえ、楽器を奏で、ふもとに住む山守のところにいる少年を唯一の友として、自然に親しんで暮らしたのである。

彼はこの方丈の庵での生活を次のように述べる。山中に隠棲して五年ほどもたってみると、高貴な身分の方々をはじめ、多くの人々が亡くなったことが、風の便りに聞こえてくる。火事で焼失した家も多く、わずかのあいだの仮住まいと思っていたわが庵のみが、何の変化も受けず存続している。狭いながらも夜の寝床があり、昼を過ごす場所があって、まったく不足がない。世の無常を知れば、なにごとをも願わず、焦らず、ただ静かであることを望み、憂いなきことを楽しむ境地である。

一般に、世の中の人が住まいを作るのは、妻子や縁者・朋友・主君などのため、あるいは財宝や牛馬のためということさえある。それにくらべて、私は誰かのためではなく、ただ自分一身のために作ったのである。生活を共にする人もなく、頼りとする使用人もいない。そもそも友というものは、富んだ人を大事にし、うわべの整った人を優先する。必ずしも情愛の深さや表裏のないことを好まない。これを考えれば、音楽や自然を友とするのに勝るものはない。使用人にしても、恩賞を十分に与えてくれる面倒見の良い主人を望む。使用人の機嫌を取って働いてもらうよりは、自分自身を奴として、日々の仕事をこなすに勝るものはない。自分ひとりですべてを弁ずるのであれば、誰かの内心を慮って悩むこともなく、しかも良く働くことは養生となる。他人と付き合わなければ、服装などに見栄を張る必要もない。

隠遁生活に入って以来、恨みも恐れもない。命は天運に任せ、惜しむことも厭うこともない。身は浮雲のようで、生涯の楽しみは、うたたねしつつ見る夢につきるし、人生の望みは四季折々の美しい景色である。世界はわが心の持ちようひとつであって、地位や財宝よりも、今の私には一間の庵での生活がなにより好ましい。私の言うことが疑わしければ、魚や鳥のことを思い浮かべて欲しい。魚は水に飽かず、鳥は林に居ることを願う。魚や鳥になってみないことには、彼らの心はわからない。山中の閑居も同じことである。実際に住んでみなければ、そのすばらしさはわからないであろう。

自在な心境を語る調子は魅力的だが、その背後には家族・友人・使用人等との関係への強い不信がうかがわれる。他者との信頼関係や共同体の否定の上に、彼の隠遁は成り立っていたようである。

隠遁の経緯

長明は賀茂御祖《かもみおや》神社（下鴨神社）の神官の家柄の出身である。前述のとおり久寿二年に生まれたと推定され、その翌年が保元の乱、以後平治の乱、治承・寿永の内乱など、武士の進出と内乱の時代のなかで成長した。父の長継が承安三年（一一七三）三十五歳の若さで亡くなったことは、当時十九歳の長明にとって大きな転機となったらしい。父の死によって社会的な立場が変化するのは当然だが、それにしても喪失感が格段だったのか、和歌のなかで、自分の境遇を「あはれ親なし」と称し（『夫木和歌抄《ふぼくわかしょう》』）、周囲の人々からも「みなしご」と呼ばれている（『無名抄《むみょうしょう》』『源家長日記』）。

彼は安元元年（一一七五）に高松院（二条天皇の中宮）歌合《うたあわせ》に参加するなど、歌人として活躍の場を広げ、養和元年（一一八一）、二十七歳で歌集『鴨長明集』を編んだ。ただし本務先の賀茂御祖神社では恵まれず、「社のまじらひもせず、籠り居て侍り」といわれたように、職務や交友から距離をとって暮らしていた。四十代半ばごろからは歌人としての活躍がめざましく、正治二年（一二〇〇）から、後鳥羽院の歌壇に参加していることが知られる。和歌所の寄人《よりうど》にもなり、「夜昼奉公おこたらず」熱心に務めたという（『源家長日記』）。和歌所の開闔《かいこう》（書物や資料の出納・管理などを担当する立場というのが本来の意味だが、実質は事務局長のような役職）であった源家長は、長明に特別な関心を寄せていたようで、その日記には彼に関わる記述が多い。

やはり家長の日記によれば、後鳥羽院は長明の精励に報いるため、下鴨の河合社の祢宜《ねぎ》に欠員が生じた際に、彼をこの地位に就けようとした。ところが同社の惣官鴨祐兼《すけかね》が息子の祐頼を推挙したために、長明は排除される結果となった。祐頼は年齢は若いが位階は正五位下《しょうごいげ》で、従五位下《じゅごいげ》の長明に勝り、神官としても精勤していた。長明は「身をえうなきものに思」って、社の仕事から遠ざかっていたという事情があり、不当な超越（上位者をとびこえて昇進すること）であると訴えられれば抗することができなかったのである。家長は、この事件がきっかけで長明が隠遁したと述べている。

一方で長明は音楽にも堪能であった。後鳥羽院の楽所預《がくしょあずかり》の中原有安に師事し、一部の秘曲の伝授も受けるほどの腕前だったという。琵琶を中心に音楽についての伝承譚をつづった『文机談《ぶんきだん》』は、隠遁の理由について別の話を伝えている。長明は数寄の心が高じたのか「秘曲づくし」という催しを企画し、多くの人を集めて管弦の技を出し合う遊びを行った。たいへんすばらしい会になったので、主催者の長明は感動に堪えかね、琵琶の「啄木《たくぼく》」という秘曲を繰り返し演奏し、同席の人々に大きな感銘を与えた。

だがこのことを聞きつけた琵琶の伝承者である藤原孝道は、公開の席で「啄木」を演奏するなどもってのほかだと後鳥羽院に訴えた。長明は、厳密には「啄木」そのものを奏したわけではなく、すでに伝授を受けている別の秘曲「楊真操《ようしんそう》」を「啄木」の調子にあわせて演奏したのだと弁明した。だが孝道が糾弾の手を緩めようとしなかったため、ついに長明は都にいたたまれなくなって遁世したというのである。隠遁の事情をめぐる異説だが、彼の行く先が伊勢の二見浦とされているなど、多少の混乱が見られる。長明が伊勢神宮に参詣したことがあるのは確かで、『伊勢記』という紀行文も残している。残念ながら『伊勢記』は散逸してしまい、『夫木和歌抄』などに引用が見られるのみだが、『文机談』は彼の伊勢参詣の旅と隠遁とを混同したのかもしれない。

この話にはさらに後日談がある。長明は自ら製作した琵琶一面を後鳥羽院に献上した。これは「手習」と号せられたが、院の手から二条定輔に下賜され、その後何人かの貴族のもとを転々としたあげく、東兵衛入道《とうのひょうえにゅうどう》という関東の歌人の手に渡り、彼から執権北条時頼に進上された。時頼は、このような名物《めいぶつ》を自ら所有するのは畏れ多いとして、六代将軍宗尊《むねたか》親王（仁治《にんじ》三〈一二四二〉～文永十一〈一二七四〉年、将軍としての在位期間は建長四〈一二五二〉～文永三〈一二六六〉年）に献じたという。

東兵衛入道は千葉氏の一族で、鎌倉幕府創業の功臣千葉常胤《つねたね》の六男胤頼の息子重胤のことであろう。胤頼が下総国東荘《とうのしょう》（現在の千葉県香取郡東庄町付近）を父から相伝したために、東《とう》氏を称するようになった。重胤は三代将軍実朝に近侍し、実朝にしたがって和歌に親しんだのである。彼の子孫が、古今伝授の創始者として知られる東常縁《とうのつねより》で、文明三年（一四七一）に連歌師飯尾宗祇《そうぎ》

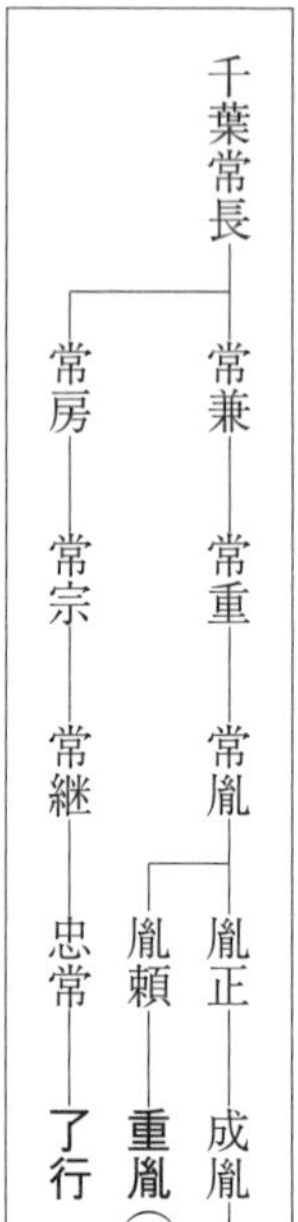

千葉氏略系図

に『古今和歌集』を講じたのが、古今伝授の起源とみなされている。東氏は下総国三崎荘（海上《うなかみ》荘とも呼ばれる。現在の千葉県銚子市）の地頭職も所有していたが、鴨長明には「海上月」という題で「玉と見るみさきが沖の浪まより立出る月の影のさやけき」と詠んだ歌がある（『鴨長明集』）。詞書《ことばがき》には「下総国にみさきと云所あり、日の本の東のはてなれば」と見えている。同荘を東の果てと認識する国土観も興味深いが、長明と東重胤が親交を結んでいた可能性も考えられるだろう。

以上の話から総合すると、鴨長明は、父のいささか早すぎる死（といっても当時の家族にとっては、とくに珍しいことではない）を境に、本来励むべき神官としてのつとめから距離をおかざるを得なくなり、和歌・管弦などの芸能の世界に活路を見出した。両道いずれにもかなりの成果をあげたものの、逆にそれが仇となって遁世に追い込まれたのである。『方丈記』のなかで彼がくり返し世間の住みづらさを強調するのは、遁世にいたる以上のようないきさつのためだろう。生来恬淡としていたから遁世したのではなく、むしろ、自らの才能や努力と世間の評価とのくいちがいに打ちのめされ、葛藤や軋轢の果てに追い込まれたところが人里離れた「方丈」の容れ物だったのだ。どのような条件で、どこに住んでも不安や不満から逃れられないと述べるのは、彼がさまざまな道を模索したにもかかわらず居場所をみつけられなかったからだろう。妻も子もなく、生身の友人よりも糸竹・花月を友とすることを選び、従者を使うよりも自分自身で働いたほうが気楽だという結論にいたったのは、人間関係において彼が不器用だったからなのか、自ら恃むところが厚く歩み寄ることをしなかったためなのだろうか。

鎌倉への旅

都を逃れてからも長明は世間との交流を絶ったわけではなく、『源家長日記』によれば、知り合いとの和歌の応答などは欠かさず行っていた。家長が機会を得て遁世後の長明と対面したところ、別人のように痩せ衰えていたという。心閑かに過ごしているといいながら、世間を恨む気持ちや、才能を認められることへの執着などは絶ちがたかったようで、家長はその様子を痛ましく、不憫だと記している。『方丈記』の記述とは異なり、晴れ晴れとして暮らしていたわけではないらしい。また、長明は鎌倉へも旅している。『吾妻鏡』建暦元年（一二一一）十月十三日条によれば、彼は鎌倉で、これまでに何度も将軍実朝に対面していたという。この日は源頼朝の忌日にあたっており、長明は頼朝をまつった法華堂で行われる法要に参加して、懐旧の涙を流し、次のような歌を堂の柱に書きつけた。

草も木も靡《なび》き し秋の霜消て空《むな》しき苔を払ふ山風

長明がどれだけの期間鎌倉に滞在していたのかは不明だが、いずれにしても「方丈」に隠棲して以後のことで、山奥で閑居するとはいいながら、実際には関東にまで活動の範囲をひろげていたのである。鎌倉への下向や、実朝との交流を仲介したのは飛鳥井雅経であったという。雅経は長明と同じく後鳥羽院和歌所の寄人で、『新古今和歌集』の選者にもなった人物である。飛鳥井流蹴鞠《けまり》の創始者でもあり、音楽にも堪能なすぐれた文化人だった。彼は鎌倉幕府のもとで厚遇され、初代政所別当であった大江広元の娘を妻にしていた。京都・鎌倉いずれにも通じて、両地を往還しながら活躍していたのである。長明とは和歌・管弦を通じて親交があったと思われる。そのほか鎌倉時代中期の説話集『古今著聞集《ここんちょもんじゅう》』によれば、「賀茂大明神の利生にて成りあがりたる人」だったという（巻一神祇、三十二話）。

飛鳥井雅経は、恵まれない境遇にあった若いころに、毎日賀茂社に詣でることをつとめとしていた。そのころ「世の中に数ならぬ身の友千鳥なきこそわたれ賀茂の河原に」という歌を詠んだ。心の中だけにとどめておいて、特に他人に言い散らしたこともなかったのだが、ある社司（神官）の夢に賀茂の大明神があらわれ、「『なきこそわたれ数ならぬ身に』と詠んだ者がいとおしい。誰なのか探すように」と告げられた。そこで、いろいろと聞いて回ったところ、雅経の作だとわかったのである。この夢告のことを知って、雅経はいっそう信仰の心を深めたのだった。その後彼が、二位の宰相（参議）にまで昇進したのは、まったくもって大明神の御利益にちがいない。

夢告を得た社司については「その名を忘却す」という注がつけてあり、誰だったのか特定することはできない。だが、賀茂社と雅経とのあいだに特別な関係があったことは確かで、同社の社司としては周縁にいた長明も、雅経の名を広めるのに何らかの助けになっていたのかもしれない。

多少わき道にそれたが、以上みてきたとおり、鴨長明はけっして行い澄まして悟りをひらいた人物ではない。自分の能力や才能に自負をもちながら、世の中との折り合いをつけられず、不如意なまま世間にとどまるのを潔しとせず、自らを山中に追い込んでいったのである。現代であれば、心の病という形で発現する類なのかもしれないが、そのような自己表現の型にたどりつけないがために、他人を排除し、不要なものを削ぎ落としたミニマムな生きかたに落としどころを見出した。方丈の住居は、長明自身の鬱屈した内面そのものであった。実のところは山中の閑居から復活の機会をうかがい、鎌倉まで赴いて可能性を探っていたのである。「ゆく河の流れは絶えずして」と無常を観照するとき、彼は絶えざる内面の葛藤を見つめていたのではないだろうか。

『徒然草』の世界

何も持たでこそあらまほしき

『方丈記』とならぶ中世の隠遁文学が卜部《うらべ》兼好による『徒然草』である。『方丈記』からほぼ一世紀後の鎌倉時代の最末期から建武新政のころにかけて成立した。『方丈記』が著者自身の感懐を記して、ごく短いものなのに対し、『徒然草』は全二四三話から成り、兼好の人生観や思索とともに、自ら体験・伝聞したさまざまな話を収録し、随筆と説話集の両方の性格をもっている。「つれづれなるままに、日ぐらし硯にむかひて、こころにうつりゆくよしなしごとを、そこはかとなく書きつくれば、あやしうこそものぐるほしけれ」という有名な書き出しは、作者にとって、うつろい変化し続けていくものが、外部にではなく自らの内面にあったことを

兼好法師画像（狩野探幽画）
神奈川県立金沢文庫蔵

語っている。世のなかの多様性を観察・受容する楽しみは、彼の内面の活動と響きあっており、人生に対する余裕という点では、鴨長明に一歩長じるところがあるといえるだろう（長明も説話集『発心集』をのこしたが、これは世俗的な内容を含まない、いわゆる仏教説話集である）。

さて、『徒然草』が強調するのも、変転きわまりない世界の中でできるだけ身辺を整理し、身軽な状態でくらすことである。「身死して財残ることは、智者のせざるところなり」（一四〇段）は、自分の死後に遺された持ち物を他人に検分されたり、誰がもらうかで争いがおきたりすることの見苦しさに言及している。亡くなった人が、妙なものを貯めこんでいたのを見つけるのは興ざめだし、逆に良いものがあれば、さぞ心を残しただろうと、気の毒に感じられる。やたらにたくさんのものが遺されているのは、いっそううんざりする。「これは私がもらう権利がある」な

ど言い出す者があって、遺産や遺品の分配で争うのもたいへん嘆かわしい。形見分けについて、これは誰になどと考えているのであれば、生きているうちにさっさと譲っておけばいいのである。「朝夕なくて叶はざらんものこそあらめ、その他は何も持たでこそあらまほしき」。

住宅事情が悪いにもかかわらず、いろいろなものを欲しがり、買い込みがちな私達には耳の痛い指摘である。必要最小限の品物のみを持つ生活は理想ではあろうが、そこまで削ぎ落とすためには、経験と実績に基づいた適切にして果敢な判断が必要にちがいない。「朝夕なくて叶はざらんもの」がなにかがわからないからこそ、身辺に多くのものが溢れてしまうのだから。旅慣れた人ほど、小さい荷物で済むのと同様、人生の本質を理解してはじめて、最小限の「なくて叶はざらんもの」を見出すことができる。兼好の主張は「人生の達人たれ」という一言に尽きるといえよう。

妻といふ物こそ、男の持つまじき物なれ

兼好はいろいろなものを捨ててしまう、あるいははじめから持とうとしない。「妻といふ物こそ、男の持つまじき物なれ」(一九〇段)という大胆な主張もある。品物を持たないだけではなく、妻も不要というのである。兼好によれば、「いつも独りですから」と言う人は格好が良いが、「だれそれの婿になった」「これこれの女を迎えて一緒に住んでいる」などと聞くとがっかりする。相手が平凡な女であれば、そのへんで妥協したのかと鼻じらむし、素晴らしい女なら、たてまつって大事にするのかと思うし、ましてや家事をてきぱきと捌く女なんて願い下げだ。子供まで生

まれて、大事にして育てるのも億劫だし、夫に先立たれて尼になって年取っていく様子なんぞ、男の亡き後まで恥知らずである。大体どんなにいい女でも朝夕見ていると、気に入らなかったり、憎々しいところがでてくるのはいたしかたない。女にとっても気の毒である。自宅とは別のところに住まわせておいて、時々通うぐらいにしておけば、長続きするというものだろう。男がちょっとやって来て、泊まっていったりするのは、なかなか好ましいではないか。

妻なり女なりが嫌いなのではなく、家庭や家族のわずらわしさがもっぱら厭わしいのだろう。十人並みの女は嫌、きれいな女も面倒くさい、よくできた女が家をおさめ、子を産み、そのまま年取っていったら（当たり前である）、うっとうしくて困ってしまうらしい。

平安時代の王朝物語以来、「耳挟み」する女・「耳挟みがち」な女は批判の対象であった。長くのばした髪は当時の女性の美しさをはかる指標だが、これを邪魔にならないように耳の後ろにはさんで立ち働く姿は、実用性に走って、女としての嗜みを忘れたはしたない様子として嫌われたのである。物語などを書いたり読んだりするのは、一定以上の階層に決まっているから、そもそも誰かが働かないと生活が成り立たないという実感がなかったのかもしれない。

妥協や打算の結果にちがいない見映えのしないカップルや、てきぱきした女に主導権を握られるのを厭う気持ちなど、兼好の分析はなかなかに鋭いのだが、「結婚できない」ことが社会問題化している現代人から見ると、いささか奇異な印象を受ける。社会の構成員の再生産、セイフティ・ネットとしての家族、人生の区切りや、一種の諦めとしての結婚など、個人のレベルから社会全体（人類全体？）にいたるまで、家族の問題は大きい。兼好の結婚観、家族像、はてはとらわれない生活スタイルとはどのようなもので、どのような時代性に規定されているのだろうか。

「そして二人は幸せに暮らしました」で終わらない物語

定型的な昔話は、「むかしむかしあるところに……」とはじまり、「そして二人は末永く幸せに暮らしました」と締めくくられる。多くの苦難を乗り越えて、落ち着くところは平穏で豊かな家庭生活である。だが中世の人々が希求するのは、それとは異なる幸せだった。

『方丈記』にもあらわれていた通り、天災や疾病等に科学的に対処する術をもたない彼らにとって、「死」は常に身近にある要素だったといえる。『古今著聞集』には、博打に勝って大金を手にした貧しい侍（貴人に仕える従者）とその妻の話が載っている（巻十二博奕、四二三話）。この夫婦は、それぞれが別の貴族の家に仕え、一日の大部分を主人の家で働いていた。必要に応じて宿直などもしており、二人で一緒に過ごせる時間はわずかだったと思われる。

居眠りする従者　『法然上人絵伝』
『新修　日本絵巻物全集14』（角川書店）より

中世の絵巻物には、居眠りする従者たちの姿が多く描かれている。主人たちが室内で夜具にくるまって寝ているのに対して、宿直当番と思われる従者は、廊下で座った姿勢のまま眠りこける。昼間でも、主人の外出にお供した従者が、主人の用が済むのを待つ間、お屋敷の門前などで居眠りするのである。主人の都合に合わせて生活しなければいけない階層の者は、昼夜を問わず、仕事の途切れた時間に、犬や猫のように寝るのである。彼らにとって空いた時間をつぶす方法が乏しいことも、居眠りする理由の一つだろう。暇だからといって、本を読んだり（平仮名や片仮名ならともかく、彼らはおそらく漢文体で書かれた文章を読むことはできない）、テレビを観たりすることができるわけではないので、とりあえず寝てしまうのかもしれない。いずれにしても、中世の大多数の人々は「健康で健全な生活習慣」のような概念からは全く遠い生活を送っていた。

『古今著聞集』の説話に登場する夫婦は、夫は花山院右大臣忠経の家の侍、妻は大納言藤原定能の家の雑仕《ぞうし》（宮中や貴族の家に仕える下働きの女性）として働いていた。お互いの仕事にさしつかえない時のみ、仁和寺近くにある妻の家に男が通い、一緒に過ごすという生活を送っていた。あるとき花山院家の従者たちの間で、七半という丁半博打の一種が大流行したことがあった。主人の制止も聞かず、誰もが熱中していたのだが、わが主人公の侍だけはあまりに貧しくて賭金を捻出できないため、仲間に加わることができなかった。人並みのことができず、たいへん情けない思いでいることを寝物語に打ち明けると、妻は夜明けとともに起きだし、自分の着たきりの衣装を質入れして、五〇〇文の銭を調達してきた。侍がこの五〇〇文を元手に博打に参加したところ、大勝して、とうとう三十余貫という大金を儲けてしまった（千文で一貫。たいへんおおざっぱに言って、一貫は現在の十万円ぐらい）。

侍は妻のもとに帰り、思いがけず手に入った大金を示して、「さあ、これで一緒に末永く楽しく暮らそう」と言ったかというとそうではなく、十貫のみを妻に取らせ、自分は残りの二十貫を生活費として「念仏申して後生助からんと思ふなり」と出家の意志を告げたのである。夫の定年後は二人で海外旅行でもして楽しく暮らそうと思っていたら、夫に「僕は出家して極楽往生をめざすから、あとはよろしくやってね」と言われたようなものである。そのうえ侍は「時々は会いに来てほしい」とか「衣の洗濯ぐらいはやってほしい」などと、細かい注文をつけたという。妻は「まことにこの世は常ならねば、さやうに思とりたまへる事、わがためもうれしき事なり」と、快く了解した。

資産の信託

まことに良くできた妻というのは（ただの都合の良い女のようにもみえるが）ありがたいものである――といいたいわけではなくて、右の話で注目したいのは、まとまった金を手にした場合の運用の方法である。主人公の侍は二十貫の資金を手許に置くのではなく、四条と七条の二軒の商家に預けた。それぞれ十貫の銭を預け、毎月十五日間、昼間のうちはその家で過ごし、二回の食事を出してもらう。金が尽きれば関係は解消するという契約であった。商家の主人は良い話だと思って、喜んで引き受けたのである。これによって侍は半月ごとに、二軒の商家を行き来して暮らす生活となった。二軒に分けたのはリスクの分散を意図したのだろう。

彼はそれぞれの商家の屋根の上を居場所にして念仏三昧で過ごした。その姿は近隣の人々の評判となり、多くの人が彼を崇拝し、争って食事の世話などをしたので、銭を預かった商家にとっては十貫のほとんどが取り分になった。これらの商家については、侍とのあいだで、「かくあきなひし給所なれば、家せばくて所なし。屋のうへにゐたらんは、いかに」（このように商売をしておられるお宅ですから、手狭で私のいる場所はないでしょう。屋根の上にいようと思うのですが、いかがでしょう）、「それは心にまかせたまへ」（それはどうぞご自由になさってください）という会話が交わされていることから、なんらかの商売をしている者だということが推測されるにとどまる。侍としては、少なくとも向こう数年間以上にわたって面倒をみてもらうために、できるだけ商売がうまくいっていそうな家を選んだのだろう。

彼らのいう「あきなひ」は非常に未分化な状態であって、商品の売買・流通、金融、場合によっては不動産売買や荘園経営にまで及ぶ幅広い内容を持つ。金や物の動くあらゆる場面に介在して、その動きを助けて利益を得る行為である。逆の言いかたをすれば、金や物の動くあらゆる場面で、このような商人・金融業者の手を借りることが一般的だったのである。この物語の主人公はひどく貧しく、日頃から金、ひいては資産などというものに縁があるとはとうてい思えない立場である。にもかかわらず、たまたま得た資金を二軒の商家に分散して預けるなど、なかなか芸が細かい。このような行為が決してめずらしくなかったことがうかがわれる。

しろうるりと芋頭《いもがしら》

資産を自己管理せず、商売・金融のプロに預けるという方法は『徒然草』のなかにも見ることができる。六十段の仁和寺の盛親僧都《じょうしんそうず》の話である。彼はある僧に「しろうるり」という仇名をつけ、「それはどういうものですか?」と問われて、「私も知りませんが、しろうるりというものがあったら、彼の顔に似ているんじゃないでしょうか」という人を喰った返事をしたと語られる大物である。

この僧都は芋頭（サトイモの親芋〈球茎〉）が好物で、経典の問答や説教の席でも、大きな鉢に盛った芋頭を傍らに置いて食べながら行うほどだった。たいそう貧しかったが、師匠が亡くなるときに銭二〇〇貫と住坊を譲ってくれた。そこで坊を百貫で売り払い、手許に残った現金都合三〇〇貫を「京なる人」（京都在住の人）に預けて、十貫ずつ取り寄せては芋頭の代金にあてた。結局、全額を芋頭につぎこんでしまったという。説話としては、「貧しい身で三〇〇貫もの大金を手にして、このように遣ってしまうとは、まったくめったにない道心者（出家者）だ」と人々が言い合った――と宗教者の無欲を賞揚する方向でまとめられている。

前出の侍とはひとけた違う金額である。これをすべて芋頭に充ててしまうのは無欲というより偏執狂的で、どうもまともではない。盛親僧都は容貌・才能に恵まれ、宗門の第一人者として尊敬されていたが、一方で傍若無人ともいえる変わり者だった。それでも嫌われることなく、何でも許されていたのは人徳であろうというのが、作者兼好の人物評である。物欲にとらわれない、スケールの大きい人物のスケッチといったところだろうが、すぐれた宗教者の達観、清貧のありうる姿としてさらりと流すのはいささか抵抗がある。物欲から抜けられない者のひがみかもしれないが、もう少し検討してみよう。

盛親僧都が三〇〇貫を預けた「京なる人」は、博打に勝った侍が金を預けたのと同じような京都（洛中）在住の商人・金融業者であろう。盛親僧都の財産を管理して、求めに応じて芋頭の代金を渡してやるのである。金額が大きいだけに、より規模の大きい取引をしている者であろう。また盛親が師匠にもらった住坊の売却についても、買い手を探し、手続きの一切を請け負った可能性がある。金主がせっせと芋頭をたべているあいだに、「京なる人」は三〇〇貫の運用に精を出していたことだろう。まとまった資金を手にした者の人生の目的が出家や物欲から無縁の生活である一方で、その資金を預かり、有効活用しようとする一群の人々が活動していたことになる。

大福長者のモラル

出家者と商人との対比をよく示すのが二一七段の大福長者（大金持ち）の話である。大福長者は「人はよろづをさしおきて、ひたふるに徳を付くべきなり。貧しくては生ける甲斐なし。富《とめ》るのみを人とす」と述べる。「徳を付く」とは「得を付く」に通じ、利益を得ることを意味する。財産を増やすことは、人格の陶冶と同義とみなされたのである。逆に言えば「悪」もまたある種のエネルギーであり、社会的規範に沿う力を「徳」と呼び、そこから逸脱するものを「悪」と呼んだ。『徒然草』の書かれた鎌倉時代末期から建武新政期には、富裕者である有徳人と、悪党と呼ばれる既存の秩序を脅かす者たちがあらわれる。悪党は交通の要衝等を拠点として地域の勢力を束ねて徒党を組み、近隣荘園に乱入して年貢を奪うなどの侵害を行った。実は有徳人と悪党は表裏の関係にある。両者の活動の基盤は荘園経営や年貢物資の運送・換金等の請負、そのための条件整備等で、社会事業家としてあらわれれば有徳人、紛争を招けば悪党となり、対立する勢力どうしが互いを悪党と呼んで攻撃しあうこともめずらしくなかった。この時期の貨幣経済の進展にともなって、力を得た人々で、地域を跨いで活躍し、社会構造を揺るがす力を持った。彼らについては第五章で詳述しよう。

さて、大福長者の人生観は次のように続く。「人間常住の思に住して仮にも無常を観ずることなかれ」、諸行無常などと歎じているひまがあったら、日々の生活を成り立たせるための算段をせよということだろう。現実の空しさを悟りすましてしまったら、事業を推進し、発展させようとする意欲が萎えてしまう。そして「万事の用を叶ふべからず」。願望することは数限りなくあるが、いちいち実現していたら、いくら銭があっても足りない。限りなき願いを、限りある銭で達成しようとするのは所詮不可能だから、願望とはすなわち悪念だと思って、追い出すようにしなさい――形のある願望も厄介だが、出家や隠遁、極楽往生などの究極の目標にとりつかれてしまったら、非生産的なことこの上ない。「銭は奴のように遣うのではなく、君のごとく、神のごとく恐れ尊んで遣わなければいけない」「正直にして約束を守りなさい」。以上のようにすれば、乾いたところに火が付き、水が低きに流れるように、おのずから富が来るであろう。

多くの人々から資金を委ねられる信用の本質が、ここに述べられている。実際的で堅実、謙虚にして正直な姿勢を守り、金が金を生む仕組みを、無駄なく限りなく回していくことが目標とされている。ここに見える信用は、特定の関係を築いている者どうしのあいだに醸成されるものではなく、不特定多数の相手に即座に差し出すことのできる確立された性格のものである。大福長者の唱える商人としての道徳が存在するからこそ、周囲から富が集まり、それを増やしていくことが可能になる。プロによる資産管理はこのような倫理観・信用の存在によって裏付けられていたと考えられる。

これに対して兼好の見方は冷ややかである。そもそも人は願いを叶えるために財を求めるのに、願いを叶えず、銭を遣わないのなら、貧者と同じで、なんの楽しいことがあろうか。結局、何も望まず、貧乏をいとわないというのと同じことではないか。それなら貧も福も違いがなく、大欲は無欲と同じではないか。禁欲的致富という概念をまったく理解しない考え方といえよう。

兼好は「常住」に冷淡である。「生を貪り、利を求めてやむ時」のない人々を、「惑へる者」「愚なる人」と切って捨て（七十四段）、「縁を離れて身を閑かにし、事に与らずして、心を安くせむ」ことを良しとする（七十五段）。兼好の世界と、大福長者の世界とは、まったく別の論理で動いていることになる。

ふたつの経済圏

中世社会においては、資産の所有者と、資産の管理者とは別であるという原則を見出すことができそうである。すなわち荘園領主の経済圏と金融業者の経済圏というふたつの枠組みが、絡み合いながら機能していたと考えられる。そして当該社会における資産とは、つまるところ荘園・公領という囲い込まれた土地、そこから生まれる農産物や特産品等に収斂する。

前にも触れたように、諸国の国衙によって管理されていた公領が、貴族や大寺社によって次第に割き取られて荘園となり、全国の土地が荘園と公領（国衙領）として分節されたのが荘園公領制である。この体制は中世を通じて存続し、本所・領家などの荘園領主、諸国の経営にあたる知行国主の地位をになう皇室・貴族・大寺社等に経済基盤を提供した。武家政権の成立以降、荘園・公領の支配層の勢力は後退し、武士や在地勢力・金融業者などが各地の経営に関与し、あるいは経営を侵略する傾向が高じる。だが、後者の勢力は荘園公領制に替わる制度を創出するにはいたらず、新たな土地制度が生まれるには、戦国の動乱と統一政権の出現を待たねばならなかった。

荘園領主の経済圏と金融業者の経済圏の併存という状況は中世を通じて存続し、後者が前者を次第に凌駕していったのである。荘園領主層は所有の内実を侵食され、場合によってはそれが形骸化する事態を忍ばねばならなかった。だが荘園公領制そのものを否定する力が生まれない以上は、先細りながらも既得権を切り売りしながら食いつないでいくことが可能であった。

さて『方丈記』の鴨長明、『徒然草』の卜部兼好は、どちらも神官の家系の出身で、荘園領主の経済圏の末端に連なる者である。「寺社」とならび称されるものの、仏寺と神社との地位はかなり隔たっていた。前者は、親王や内親王を頂点とする貴族社会上層部の、俗界で活躍することを許されなかった構成員の受け皿として機能し、高い格式を誇った。これに対し、神社の神官は低い身分にとどまり、神が畏敬されるのとはうらはらに、貴族社会周縁部で活動するにとどまっていた。兼好については、長明と同じく、鎌倉に下向したり、滞在したりしていたことを示す史料が『金沢文庫文書』に残されているし、不動産を買得し、それを大徳寺に寄進したことも知られている（『大徳寺文書』）。荘園領主の経済圏の一員だからこそ、彼らは諸行無常を唱え、隠遁を語ることができたのである。

饒舌な清貧者

本当のお金持ちは、自分たちがどんな豊かな生活をしているか、あまり語らないのが普通である。文学作品等に彼らが描かれる際には、『源氏物語』の紫式部がそうであるように、その生活圏の周縁にいる者が観察者としてあらわれることが多い。

ただし、何らかの事情で没落して財産を失うと、「とにかくお金がないんだからどうしようもありません」というようなフレーズをちりばめながら、一代記を語りだす人は多い。やっと一般の人と同じ「貧乏」なる状態におちいったと安心して、言動が自由になるのだろうか。ただし、お金は失われても、身についた人格や教養・人脈等は奪うことはできないから、むしろ金では買えない内的資産の価値が、前面にあらわれてくる。

『方丈記』や『徒然草』は、方丈や隠遁に身を置く決意をした者たちの、饒舌の産物だったのかもしれない。「何も持たない」と言いながら、整理した資産を金融業者に信託して、生活の資にあてていた可能性もおおいに考えられる。我が身ひとりの楽しみでこと足れりとする隠遁は、武家政権に圧倒されていく流れのなかで、貴族社会が生み出した蕩尽のひとつの型だったと解釈できるだろう。

そして隠遁の背後では「常住の思」を心がける人々が銭や物資を流通させ、財貨の総量を増やそうと努力していた。兼好は彼らが所願をかなえることなく、銭を増やすことばかりを目指していると指摘し、「ここにいたりては貧富分くところなし」「大欲は無欲に似たり」と攻撃する。だが禁欲や道徳という概念をかませなければ大福長者の訓戒を理解することはできない。大福長者が語るのは、富や得を「徳」と同義とする生きかたである。彼らとは異なる経済圏の住人である兼好は、「貧」と「禁欲」、「無欲」と「道徳」の違いに思いをいたすことができなかったのである。

第四章　御家人千葉氏を支える人々——鎌倉時代（二）

弱者は訴える

日蓮の紙背文書

『方丈記』や『徒然草』、さまざまな貴族の日記など、都の文化人や貴族の生活・思考の方法を示す史料は少なからず残っているのだが、地方の生産の現場にいる人々の実態について知ることは非常に難しい。彼らについての史料がほとんど伝わっていないからである。在地での生活や所領経営のために文書のやりとりが行われなかったわけではない。実際には多くの手紙がとりかわされ（なんといっても他の通信手段がないので）、帳簿が作成され、あるいは書面でのさまざまな訴えがおこされるなど、膨大な量の文書が利用されていたはずだ。「はずだ」としか言えないのは、それらが失われてしまっているからで、反故として廃棄されたり、保管の体制がなく散逸したりしたのである。しかし、ここでも紙背文書という期せずして伝えられた文書群の助けを借りることができる。本章で素材とするのは、「南無妙法蓮華経」の題目を掲げた日蓮宗の開祖日蓮（貞《じょう》応《おう》元〈一二二二〉～弘安五〈一二八二〉年）が教学について記したノートとでもいうべきものの裏面にのこされた文書である。

日蓮は安房《あわ》国東条郷片海《かたうみ》（現在の千葉県鴨川市）に生まれた。のちに自分の出自を「海人が子」

「賤民が子」などと称しているが、海辺の村の有力者の子弟であったと考えられる。漁業は魚に対する殺生となるので、その罪業観を含ませた表現だったのだろう。彼の教えは法華経を唯一至高とするもので、法華経を信ぜよと熱烈に説くばかりでなく、他宗の排撃、支配者への強硬な働きかけをともなっていた。「禅は天魔、真言は亡国の法、極楽寺の忍性《にんしょう》は国賊、浄土宗は無間大阿鼻地獄、そのほかいずれの宗派も地獄に堕ちるべきである。間違った教えを捨てて一心に法華経に帰依しないならば、自界叛逆《じかいほんぎゃく》・他国侵逼《たこくしんぴつ》の事態がおこるであろう」。文応元年（一二六〇）に日蓮が御内人《みうちびと》（執権北条氏の家長である得宗《とくそう》の家人《けにん》）の宿屋《やどや》入道最信を通じて、鎌倉幕府の実質的主導者であった北条時頼に上呈した『立正安国論』は、他宗への呪いと不吉な予言の書である。結果的に文永九年（一二七二）には北条氏一門の名越時章《ときあき》・教時、六波羅探題南方の北条時輔が討たれる二月騒動がおこり、同十一年には元・高麗連合軍が九州に来襲して（文永の役）、日蓮が予言した自界叛逆（内乱）・他国侵逼（他国からの侵略）は二つながら的中した。

しかしながら、このような過激な主張を周囲が見過ごすはずはなく、日蓮は多くの迫害を蒙ることになった。その最初のものは『立正安国論』上呈の翌月におこった松葉谷《まつばがやつ》の法難である。松葉谷（現在の鎌倉市大町名越付近）の草庵が暴徒に襲われ、日蓮は辛くも脱出したが、その後幕府の弾圧を受けて伊豆に配流となった。

日蓮と富木《とき》常忍《じょうにん》

日蓮は鎌倉を中心に布教活動を展開し、都市周縁部の庶民を信者として獲得していたが、御家人やその被官層のなかにも多くの信奉者が育っていた。彼は信者たちと頻繁に連絡をとりあい、彼らの信仰を励ます一方で、さまざまな支援を受けていた。日蓮の熱心な信者として彼を庇護したのが下総国の国府（現在の千葉県市川市国府台）に近い八幡荘若宮（同市若宮）で活動していた富木常忍である。常忍は鎌倉幕府創業の功臣である千葉氏に仕えて、同氏の家政運営や所領経営を担当していた。日蓮はしばしば常忍のもとに滞在しており、八幡荘周辺には太田乗明《じょうみょう》・曾谷《そや》教信などの千葉氏家臣を中心とする信徒グループが育っていた。常忍の持仏堂が発展した法華寺と、乗明の館が寺院となった本妙寺とが一体となったのが、現在の日蓮宗大本山法華経寺（千葉県市川市中山所在）である。

同寺には国宝に指定されている『立正安国論』『観心本尊抄』ほかの日蓮の真蹟が多数伝えられており、そのなかに『双紙要文』『天台肝要文』『破禅宗』『秘書要文』の四冊の冊子が含まれている。いずれも、日蓮が経論の重要な部分を書き抜いたり解釈を加えたりしたもので、おおむね文永六年（一二六九）から同十二年までの期間に執筆されている（『秘書要文』のみは大部分が他筆で、正元二年〈一二六〇〉ごろの日蓮の書き込みがある）。日蓮が富木常忍の庇護下にあったおりに作成したと考えられるが、その料紙には、常忍が手元にあった反故紙を「裏が白くてもったいないので、どうぞお使いください」と提供したものが利用された。したがって日蓮の自筆の裏に、常忍のもとに集積された文書群が紙背文書として伝来することになったのである。全部で一一七通の紙背文書の年代は建長年間（一二四九〜五六）から文永初年ごろにわたる。

前述の通り富木氏の仕事は千葉氏の家政運営に関わる事務全般である。中山法華経寺所蔵の紙背文書群は、鎌倉や京都等から同氏に送られてきた手紙や、所領内で発生した事件に関わる書類などから成る。鎌倉御家人の務めや彼らが抱えていた問題、その所領内での人々の生活の実態を、これらの文書からさぐっていくことにしよう（この文書群は『千葉県の歴史　資料編　中世2（県内文書1）』に翻刻され、解説が付されている。以下に示す文書番号は同書に拠っている。また多くの文書は平仮名を多用した文体で書かれているが、読解の便をはかるために、引用の際には適宜漢字に書き換えた）。整えられた文体ではなく、人々の訴え、嘆く口調がそのまま記された史料から、十三世紀中葉の社会の本当の姿が浮かびあがってくる。

富木常忍の仕事

まず紙背文書の持ち主であった富木常忍という人物について考えてみよう。文書群の内容を概観すると、彼の仕事は非常に多岐にわたっている。それはとりもなおさず千葉氏、あるいは鎌倉幕府の御家人の活動の多様さ、活動範囲の広さの反映である。膝下の所領の経営、絶えず持ち込まれる訴えの裁定とともに、ふたつの都である鎌倉と京都、地方に展開する所領や守護国（この期間は下総国と伊賀国）とのあいだで連絡・交渉を行い、全体を遺漏なく統括しなければならないのだが、その核となるのは文書作成・事務処理に関わる能力であった。

常忍は千葉氏のもとでの職務に精通しているようにみえるが、実は下総国の出身ではなく、父の代に因幡国《いなば》（現在の鳥取県東部）から移住してきた。『双紙要文』紙背文書のなかの彼の訴状がそれを語っている（一一号）。因幡国一宮（宇倍神社）の公文《くもん》（下級の荘官）である元富という者が、常忍の所従《しょじゅう》三郎・五郎丸の両人をわがものにしてしまっているので、返還命令を出して欲しいと同国の国衙あるいは守護に訴えたのである。この二人の所従は、富木中太入道蓮忍から常忍が譲られたのだが、蓮忍が因幡から関東に移住したために、次第に支配がいきとどかなくなり、元富の配下にとりこまれたという事情だった。以上の経緯から、蓮忍は常忍の父で、蓮忍・常忍父子は千葉氏のもとで働くために下総国に移住してきたと推測することができる。おそらく彼らは因幡国の国衙行政に関わってきた家系に属し、代々文筆能力を培ってきたのだろう。なんらかの機会に千葉氏からその能力を見込まれ、家政担当者として採用されたのである。

鎌倉幕府が多くの京下り官人を採用して政治組織を固めたのと同様、各御家人の家においても煩雑な事務処理を担当する人材が必要とされた。千葉氏と同じく、鎌倉幕府成立以前から相模国の有力在庁官人として活躍した名族三浦氏も、京都の貴族である久我家に仕えていた人物を抱えていた。音楽に関わる話題を記した『文机談』の中に、「鎌倉に三浦の頭《かしら》にて、駿河守義村と申しし人のあたりに、大学の民部と申しし物書きは、もと久我殿に候ける人なり」という記述がある。「大学の民部」という通称から、朝廷管下の大学寮に勤めていたと考えられる者が、三浦義村の右筆（書記官）として働いていたのである。大学の民部は宝治合戦（宝治元年〈一二四七〉におこった三浦一族と北条氏・安達氏との戦い）で三浦氏が族滅したために主人を失い、以後は出家して円明房と名乗ったという。円明房の娘で「たつみ（巽）の局」と呼ばれた女性が、琵琶の名手藤原孝道の娘尾張内侍の内弟子となっていた縁で、『文机談』に登場したという次第である。

人身支配をめぐる葛藤―下総国吉田郷―

富木常忍の重要な仕事のひとつに、守護・領主としての千葉氏が管掌する裁判の実務がある。彼のもとには、さまざまな訴えが寄せられたが、なかでも多かったのが下人《げにん》・所従等の人身支配に関わる案件だった。下人・所従とは、独立した人格を認められず、主人に隷属して使役される人々である。彼らは土地や資財等と同様の扱いをうけ、売買や相続の対象とされる。前出の因幡国の所従たちも、富木氏の家内で父から息子に譲与され、その後同国一宮の公文の占有物のようになって、富木氏の命令に従わなくなったのである。

在地で生産にたずさわる百姓らのあいだでは、人身の略取や囲い込みが日常的に行われていたらしい。文永二年（一二六五）十二月に、次のような文書が常忍によって作成されている（『天台肝要文』紙背文書三五号）。

吉田の百姓検校六男の故に、兄検校太の娘を刑部左衛門に売らるる由、嘆き申し候。詮じ候ところ、かの検校六男を、検校太に請け取らせさせ給候て、娘に取り換えさせせらるべきむね、仰せ下さるる状、くだんのごとし。

文永二年十二月十二日　　常忍（花押）

快有（花押）

浄仏

みやうちの御房

下総国内の吉田郷（現在の千葉県匝瑳《そうさ》市内、あるいは印西《いんざい》市内）でおこった事件について、千葉氏の法廷が出した裁定を記した文書である。法廷の主宰者である千葉介（千葉氏の当主）の意向を受けて（文書の最後に「仰せ下さるる状」とあるのは、千葉介がそのように判断し、命じたという意味）、事務官たる富木常忍以下の三人が連名で命令を出す体裁をとっている。名前の下に（花押）と記

『天台肝要文』紙背文書35号　千葉県市川市中山 法華経寺恪護
石井進『中世を読み解く―古文書入門―』（東京大学出版会）より
紙背文書はその性格からして読みづらいが、冒頭に「よしたの百姓けん」と書かれているのがおわかりになるだろうか

したのは、本人による書き判（名前の一字等をデザイン化したもので、実印にあたる）が据えてあることをあらわす。吉田郷百姓の検校六という男が、兄である検校太の娘を、刑部左衛門なる者に売り払ってしまった。このことを検校太が領主の千葉氏に訴え出たので、同氏の法廷で事情を取り調べたのである。その結果、検校六の身柄を兄検校太に預け、娘を刑部左衛門から取り戻し、その代わりに検校六を刑部左衛門に差し出せという命令を出したのだった。宛先になっている「みやうち（明智？）の御房」がどのような立場の者かはわからないが、吉田郷近辺の有力者で検校太や検校六の一族に影響力を持っている人物かと思われる。同時に刑部左衛門宛の文書も作成されており、検校六と交

換に、娘を返還するようにとの指示が示されている。

詳しい経緯が記されていないので、検校六がなぜ姪を売ったのかは不明である。借金が払えない、年貢が納められないなど、困りぬいた末の行為なのか、単に彼がごろつきだったからなのか。いずれにせよ、独立した百姓である父のもとで暮らしていた娘は、叔父につかまったか騙されたかして売り払われ、刑部左衛門に隷属する立場に貶められてしまった。さらにこの判決が実行されれば、娘の独立が回復される代わりに、検校六は刑部左衛門の下人に転落する。人格的な独立は容易に脅かされ、剝奪されたのである。

森鷗外の小説『山椒大夫』は、人買いにたぶらかされて辛酸を嘗める安寿と厨子王の物語で、中世の芸能のひとつである説経節の『さんせう太夫』を下敷きとしたものである。二人は山椒大夫のもとに売られて、家畜のように使役され、安寿は拷問を受けて亡くなる。人買いという怖しい職業の者の手に堕ちるのは不運としても、身内の叔父の手で売られることもあるのだから、当時の社会において人格的独立がいかに危ういものだったかがわかるであろう。

名主《みょうしゅ》と百姓──下総国寺山郷──

次に現在の千葉市内と思われる寺山郷でおきた名主と百姓の衝突をみてみよう。こちらも人身支配が絡んだ事件である。『天台肝要文』紙背文書のなかに、寺山郷百姓橘重光の訴状が伝わっている（二号）。年未詳だが、名主の寺山殿の苛法を告発する内容となっている。寺山殿は寺山郷の地付きの有力者で、地頭千葉氏のもとで同郷を支配しており、その地位が名主と呼ばれたのである。

　ある年の四月、祖父母があいついで亡くなったため、重光は葬儀等の手配で忙殺されていた。そこへ寺山殿が公事《くじ》を要求してきたので、自分では出向かず、真家という者を代わりに行かせた。公事とは領主から課される年貢以外の負担を指す。「公事」の語は、本来は朝廷が主宰する儀礼や年中行事等の総称で、社会の秩序を維持するための公共性の高い事業として、このように呼ばれた。荘園・公領の現場においても、本来は領主の担う公共的役割をはたすために、百姓に課す負担を意味したのだが、次第に領主が恣意的に労力や物資の提供などを求めるようになったのである。このときの公事の内容は不明だが、重光自身が寺山殿のもとに出頭し、なんらかの用務を務めることが期待されていたのだろう。ところが代わりの者が差し向けられてきたため寺山殿は激怒した。「真家は頸を切るべし、しからざれば十五貫の科料を取るべし」と命じたのである。「私が課した公事をあとまわしにして、勝手に家族の葬式を行うとはけしからん」ということだったらしいが、寺山殿の都合に合わせて生死を調整するわけにはいかないから、暴論というしかない。ただし「泣く子と地頭には勝てない」という諺もあるように、領主は「頸を切るぞ」と脅して暴論を通してしまうのである。

　これに対して重光は「刃傷殺害の罪を犯したならともかく、『俺さまのところにやってこないとは不埒である』といって真家を死罪にするのは、ひどい横暴、恥知らずもはなはだしい」と、果敢に反論している。

　さらに五月になって寺山殿が、仏事を行うから供をするようにと、重光に要求してきた。祖父母の喪中を理由に重光が応じなかったところ、寺山殿は報復として重光の田畑の作物を刈り取ってしまった。寺山殿がたいへんにお怒りだというので、重光は慌てて出頭したのだが、寺山殿は言葉をかけてもくれない。事情も聞かずに、田畑を刈り取り、そのうえ重光を領内から追放しようとしているのだという。このように非道なあつかいをされては、弱い立場の百姓は安心して領内に住んでいることができない。寺山殿を怖れたてまつっていたために、いままで我慢してきたが、今回ばかりはあまりにもひどいので、法廷で寺山殿と闘う所存である。以上が重光の言い分である。

重光の訴えがどのような結果になったかはわからないが、彼の訴状には、寺山郷の支配者である名主寺山殿と、その下で耕作にたずさわる百姓との関係の実態がよくあらわれている。寺山殿は、重光とその一党に対してむきだしの暴力を表明し、怒りや不満を直接ぶつけてくる。これに対して重光は「おそれをなし」、口をきいてもらえなければおろおろするなど、恐怖・恐懼の感情をもって従っている。もちろん重光は自ら原告となって千葉氏の法廷に訴え出るだけの主体性をもっており、怖れおののいているだけではない。訴状に述べられている内容も、自分を弱者・被害者と強調するためのレトリックとして割り引いて考える必要があるのは間違いなかろう。

だが重光の訴状のなかでは、寺山殿との関係が非常に感情的なものとして、彼らの口調や心情をそのまま文章に写して述べられている。「真家は頸を切るべし」「惟光（寺山殿の諱《いみな》か）に随身せざるは奇怪なり」などの寺山殿の激した表現、あるいは寺山殿のもとに駆けつけたのに、言葉もかけてもらえなかったと重光が嘆くとき、両者のあいだには恫喝と恐怖の関係とともに、なんらかの心情的な通い合いがあったように見える。彼らはもともと互いの支配―被支配関係を、論理的な説明によってではなく、心情的・身体的な依存関係として内面化していたのではないだろうか。

重光が訴状の提出という思い切った挙に出たのは、寺山殿が彼の作物を刈り取り、彼を領内から追却しようとしたからだった。すなわち彼の生産活動の基盤を奪おうとしたのである。これが実現すれば、重光はもはや自立した百姓ではいられず、見知らぬ土地で下人・所従のごとき隷属的な地位に堕ちるしかない。既存の地位を守ろうとすれば、重光は闘うしかなかった。

ついでながら寺山殿が、真家の頸を切るか、十五貫の罰金を支払うかと迫っている点にも注目しておこう。人一人を贖う代金が十五貫なのだ。他の史料では「下人一人売られて十三貫の銭」ともいわれている（なかた住人沙弥進士入道申状『秘書要文』紙背文書二六号）。前にも触れたように一貫は現在の十万円程度にあたる。下人一人が十三〜十五貫程度というのは、だいたい現代の自家用車一台分に相当するものである。

主人と下人

訴状にあらわれた寺山殿と重光との関係は、恫喝と恐怖によって結ばれているものだったが、当時のすべての支配―被支配関係が同様だったわけではない。主人と従者あるいは下人とのあいだに保護と敬慕の関係が成り立っている場合も少なくなかった。比叡山地主神で日吉大社の祭神である山王権現の霊験を顕彰する絵巻物『山王霊験記』のなかの説話を取り上げてみよう。

鎌倉幕府の第四代将軍頼経の時代（嘉禄二〈一二二六〉～寛元二〈一二四四〉年）のことである。幕府の法廷で訴訟を起こそうとして、京都から鎌倉に下ってきた女性がいた。だが、有力な仲介者がいなかったためか、訴訟はなかなか進まず、滞在が長くなるうちに資金が底をついた。しかたなく金融業者から二十貫を借用したが、あっというまに利息がかさんで四十貫となった。中世には利息一倍法という利息を制限する原則があって、元本の額を超える利息は認められないことになっていた。もちろん債務者を保護するための規定なのだが、実際には元本と利息の合計額を元本として、新たな借金証文を作成するという抜け道が用いられていた。この女性も四十貫を元本とする証文を改めて作ったのだが、手をこまねいているうちに借金は八十貫に膨れあがった。とうとう、今まで従ってきた十人ほどの下人を借金のかたにとられることになってしまったのである。この下人たちは、父母の代から仕えてきた譜代の者もおり、一、二歳の幼児のころから身近においてきた者もいて、ちりぢりに別れねばならないのは耐え難い。生まれ変わったら必ずまたお会いしましょうと約束して、皆で泣くばかりであった。

主人の女性と下人らは、最後の名残に名越にあった山王堂に参詣する。そのおかげで山王権現の御利益を得て窮地から救われるのだが、そのことは後に述べよう。ここでは主人と下人との間に来世までを契るような絆が結ばれていたことを確認しておきたい。主人のイエ支配の圏内で生活をともにする下人・所従たちは、主人にとって最も身近な存在でもあった。資産の一部として借金のかたにとられるような身分であることは確かだが、主人との間に「隷属」という言葉だけでくくることのできない絆も生まれえたし、それはけっして珍しいことではなかったと思われる。

自立と隷属のあいだ――伊賀国久吉名《ひさよしみょう》――

下人・所従と呼ばれる人々が、自立を認められず、資産の一部として扱われていたのはまちがいない。だが自立した人間と、彼らとの違いは何だったのだろうか。前出の寺山殿と重光の例にみられるように、領主の意向次第で、百姓はいつでも下人に転落する可能性があった。主従関係や支配関係がなくとも、悪い叔父につかまって売り飛ばされることもあるし、悪い叔父自身も、訴えられて下人にならなければならないかもしれず、まったく油断がならなかったのである。その一方で不当に売られた娘を取り返そうとしたり、債務を返済して下人の身分から脱出しようとする者も存在した。人格の独立と隷属との間には、絶対的な境界が設けられていたわけではなく、誰もが転落を怖れ、脱出を望んでいた。自立は不断の戦いによって維持されねばならないものであった。

生産の現場では、支配する者とされる者との間で暴力的な恫喝と恐怖の交換が行われていた。だが「頸を切るぞ」と脅す寺山殿にしても寺山郷という狭い領域の支配者に過ぎず、千葉荘地頭である千葉氏の支配に服さなければならない立場である。また百姓重光を苛んだ理由のひとつは、寺山殿が主催する仏事であった。個人としての寺山殿は、仏への信仰厚く、祖先の供養を怠らず、仏罰神罰を畏れる人物だったかもしれないのである。千葉氏に訴え出るほどの覇気を持つ重光を領内から追い出すことは、所領経営という点から得策ではなかったのかもしれないが、一方的な支配の継続をはかるために寺山殿はそれ以外の手段を持たなかった。

寺山殿は重光の田畑の作物を刈り取って奪い去ったが、収穫前の田を差し押さえるケースもある。千葉氏が守護をつとめていた伊賀国の例だが、久吉名（現在の三重県伊賀市内）という土地の地頭が、同国御家人で同名公文の中原能兼の田畑に対して点定《てんじょう》（差し押さえ）を行った。能兼の田畑に注連縄《しめなわ》をめぐらしてしまったのである。能兼に大番役に関わる負担を命じたところ、前例がないと拒否されたことへの報復であった。神意をあらわす注連縄を張られてしまっては、神罰が怖しくて中に踏み込むことができない。能兼は「未曾有の次第なり」と非難し、「人目と申し、実事と申し、かたがた面目を失うところなり」と嘆き、「点定せらるるの名田畠等、今明《こんみょう》を過ぎ候わば、朽ち損ずるは疑いなく候」として、すぐに注連縄を解除することを願っている（伊賀国御家人中原能兼申状『双紙要文』紙背文書一号・ほうれん書状　同二五〜二七号）。ちょうど旧暦十月初めのことであった。収穫期をむかえているからこそ効果的な措置なのだろうが、このまま刈取りができなければ、周囲の人々が注目しているなかで、せっかく実った作物が朽ち果ててしまう。無駄でもあるし、能兼としては面目丸つぶれなのである。支配─被支配の関係の中で、もっとも大切なはずの収穫の確保が、いつのまにかあとまわしにされていた。

はてしなく連鎖する支配する者とされる者との葛藤の背後では、刈り取られなかった作物や、物流の流れに乗れなかった物資がむなしく劣化していく事態が、あちこちでおこっていたのではないだろうか。生産物ばかりでなく、葛藤のただなかにおかれた人々も恐怖や暴力・憤懣のなかでとりどりに消耗していった。支配の連鎖は消耗の連鎖でもあり、社会の基盤となるはずの生産の現場を不条理が蝕んでいた。

支配する者と支配される者との関係は、良くも悪しくも感情のレベルでしか語られず、論理的に煮詰められることはなかった。そのため両者の対立や葛藤は決定的な緊張関係にはいたらず、依存や共犯的な要素を含みながら支配は継続され、不条理を解決する力は醸成されなかったのである。

千葉氏をめぐる金融──閑院内裏・蓮華王院・大番役──

御家人と公事

前節で千葉氏─寺山殿─百姓重光という支配─被支配の連鎖について述べたが、千葉氏の上位にはさらに鎌倉幕府があり、千葉氏もまた被支配者だった。幕府から命じられる各種の賦課は、同氏の悩みの種であった。法華経寺所蔵の紙背文書は多くが建長年間（一二四九～五六）のものだが、この期間にはちょうど閑院内裏（院政期以来の里内裏）・蓮華王院（三十三間堂を本堂とする寺院）という都の代表的な建築物が火災に遭い、再建の必要が生じていた。いずれも朝廷（公家政権）の管轄下にあるものだが、もはや朝廷には自力でこれらを再建する力がなく、幕府が全面的に協力して経費や労力を提供した。幕府にとっても、独自の公事（公共性の高い儀礼や事業）を創出できない以上、朝廷の事業を肩代わりすることを、御家人を束ねる手段として利用しているという事情があった。これらの支援は大部分が御家人に関東御公事《みくうじ》として転嫁され、彼らを苦しめることになった。だが賦課に応じることは御家人資格を持っていることからくる特権・名誉という側面もあり、拒否するわけにはいかなかったのである。

建長元年、幼少の身で千葉氏の当主となっていた亀若丸（のちの千葉頼胤、一一〇頁の系図参照）は以下のように訴えている（建長元年五月二十七日　平亀若丸請文案『双紙要文』紙背文書九号）。

閑院内裏造営についてのご命令をたしかに受けとりました。そもそも私ども千葉氏は寛元元年（一二四三）の内裏修理にあたって、建暦年間（一二一一〜一三）にこの内裏の御造営を行った際の例に従って侍所の修復を担当しました。ところが今回は西の対屋《たいのや》を造進せよとのことで、承服しかねます。建暦の御造営は祖父成胤の代のことでした。私亀若丸は嫡家相伝の身ではありますが、一門の各家に所領を分け与えてしまっていますので、（所領の規模に応じて）賦課を配分し、催促を加えても、ほとんど応じてもらえないと思います。侍所の建設費用も集まらない恐れがあるのに、西対《にしのたい》などとても無理でございます。しかも今年は京都大番役もつとめなければなりません。どうかご理解をいただき、担当箇所は侍所に変更していただきたく、よろしくお願い申し上げます。

造営事業においては、御家人の格式や財力に応じて、建物の一部の建設を担当させる方式がとられた。過去の造営の際に担当した侍所にくらべて、今回割り当てられた西の対屋は負担が大きいので、先例どおりに変更してほしいと願っているのである。

武士の一族は代を重ねるごとに庶子家を輩出して膨張していく。血縁集団はそのまま合戦の際の戦闘集団になるから、惣領としてはあまり抑制するわけにもいかないのだ。だが幕府から安堵された各地の所領を一族に配分し、拡大する集団を管理することは、惣領にとって次第に難しくなってきていた。建長年間に千葉氏に課された賦課は、閑院内裏造営五〇〇貫・蓮華王院造営三〇〇貫・京都大番役費用二〇〇貫、合計で千貫という額に達した。前節で下人一人約十五貫という価格に触れたが、それに比べると御家人としての格式を維持するための費用がいかに巨額かはあきらかだろう。当主はこれを一族の各構成員から徴収するわけだが、たとえば蓮華王院に関しては、一件三貫二〇〇文とか二貫二〇〇文などを納付するむねを告げる史料が残っている（『天台肝要文』紙背文書九号・『双紙要文』紙背文書一〇号）。このような少額をひとつひとつ集積していくのでは、徴収事務の作業量は相当なものになったと推測される。

了行《りょうぎょう》法師の腹立ち

閑院内裏造営の経緯をめぐっては、千葉氏の惣領家宛てに多くの書状が書き送られている。そのなかに一人の非常に興味深い人物が登場する。「このだいり（内裏）の事に、れうぎやうの御ばう（房）の御ふくりう（腹立）候し事、おどろき（驚）存候、御はら（腹）すへまいらせさせ給候やうに御はからひ候べく候」（『双紙要文』紙背文書三〇号）、「れうぎやうの御バぅ（房）は御ふくりう（腹立）候やらんとおそ（怖）ろしく候へども」（同一四号）など、「れうぎやう」という人物がしきりに腹を立てており、それが非常に怖ろしいということが、くりかえし述べられているのだ。

「れうぎやう」とは何者だろうか。彼については石井進氏が、建長三年（一二五一）末におこった事件との関連を指摘している（「『日蓮遺文紙背文書』の世界」）。『吾妻鏡』同年十二月二十二・二十六・二十七日条にみえるもので、謀反を企てたとして「了行法師・矢作《やはぎ》左衛門尉（千葉介近親）・長次郎左衛門尉久連《ひさつら》」の三人が鎌倉で捕えられたのである。この「了行法師」が右の文書の中にみえる「れうぎやう」にあたるのではないかという。また『鎌倉年代記裏書』には第四代将軍頼経の父、摂関家の九条道家がこの事件にかかわって勅勘を蒙ったという記事も見える。宝治合戦で粛清された三浦氏・千葉氏の残党が、京都の前摂政九条道家と、その息子で前将軍の頼経らと結んで幕府転覆をはかった事件と考えられる。『歴代皇紀』によれば了行は「九条堂の住僧」であり、千葉氏・九条道家双方との関係を予測させる条件がそろっている。

了行の出自については、牧野和夫氏が東寺蔵の宋版一切経のなかに「日本国下州千葉寺比丘了行」とみえることを指摘し、彼が文暦《ぶんりやく》元年（一二三四）から仁治元年（一二四〇）の一時期に宋へ渡り、九条良経の息子である慶政とともに、同経の補刻事業に携わったと論じられた（「宋版一切経補刻葉に見える『下州千葉寺了行』の周辺」）。また二〇〇七年度に行われた「滋賀県所在古経典緊急調査」によって発見された『観音玄義科《かんのんげんぎか》』（滋賀県愛荘町金剛輪寺蔵）に「了行上人渡唐の時この科を求め得、本朝に帰朝の次に将来す」という嘉禎《かてい》三年（一二三七）の奥書があったことから、彼の渡宋が裏付けられた（大谷由香「新出資料　金剛輪寺蔵　知礼述『観音玄義科』」）。また野口実氏は了行が千葉氏の出身であることを系図からあきらかにされ（一一〇頁の系図参照）、彼の閑院内裏造営への関与について検討を加えている（「了行とその周辺」「東国出身僧の在京活動と入宋・渡元」

「鎌倉時代における下総千葉寺由縁の学僧たちの活動」)。

以上をまとめれば、了行は千葉氏の出身で、出家して千葉氏の本拠地である千葉荘内の千葉寺(現在の千葉市中央区千葉寺町所在。八世紀以来の由緒を持つ)の僧となった。その後彼は京都に出て摂関家である九条家の堂(九条御堂)に住するようになり、さらに宋に渡って研鑽を深め、都の名士とも親交をもったのであろう。その了行法師が、建長年間の閑院内裏造営にあたっては、千葉氏の担当分の作業を監督する地位にあり、たいそう厳しく指示をとばしていたのである。

奔走する代官—肥前国小城《おぎ》郷—

さて、了行のもとで造営を担当していたのは、千葉氏の中でも肥前国小城郷(現在の佐賀県小城市)を所領として配分されていた庶子家だったと考えられる。庶子家から送り込まれた代官が、了行の指示で九州と京都を行き来して、さまざまな手配を行いつつ、惣領家に経過を報告し、了行の厳しさを嘆く手紙を書き送っていたのである(ただしこの代官の書状はいずれも後半部が失われており、署名の部分が残っていない。したがって彼の名前は不明である)。建長二、三年頃と思われるが、代官は人夫の調達、大工に支給する手当てのことなどを配下に指示して京都を離れ、十一月二日に筑紫(現在の九州全体をさす言葉)に到着した。ところが了行から「今又上りて沙汰すべきよし」の命令があったため、同月二十一日には再び京都へと出発した。九州滞在中に、やはり了行の指示に従って(「了行の御房の仰せに従ひて」)、造営費用にあてるための「利銭」(利子のつく借金)を調達したという(『双紙要文』紙背文書一三号)。

多くの仕事を負わされて、この無名の代官は「とても身の内裏の御事をさばくるべき事にてハ候ハず」（私ではとても内裏造営のことを差配することはできません）と泣き言を述べるが（同一四号）、「いそぎ筑紫へ下りておほやけわたくしのかり物（債務）をもあきらむべき」（早く九州へ下って公私の債務を整理しなければ）とも言っている（同三〇号）。京都と九州とを行き来して人や金の手配を行っているうちに、公私にわたる複数の債務を背負うことになったのだろう。代官は奔走しているのだが、了行を満足させることはできず、「いかやうなる御きそく（気色）にてか候らんと、心もとなく候て、ないない（内々）ハ心の置きどころなく候。さ候へバ、とても身の咎・あやまち、すべて当時ハおぼえ候ハねバと存候へども、ゆゆしき御ふくりうにて候へバ、驚き入りて候」（了行さまのご機嫌がどうなるかと心配で、内心生きた心地がしないほどです。私自身に過失があったとは思わないのですが、了行さまはひどくご立腹で、すっかりおそれいってしまいました）と、よほど怖しいらしい（同一五号）。

了行は千葉氏と京都貴族社会の両方に人脈を持ち、宋で最新の知識や知見に触れた人物である。のちに謀反を企てたとされていることから、教学に専念するよりは、実践的な活動を志向する人柄だったのだろう。閑院内裏造営についても、資金の調達や職人の確保等、あちこちに目配りし、すぐれた現場指揮官だったにちがいない。だが、有能な指揮官と実務担当者との関係は、ここでも恫喝と恐懼との交換になっている。了行の「ふくりう（腹立）」はくりかえされ、代官は彼の顔色をうかがいながら京都と九州とを往復し、債務はどんどん膨れ、複雑化していく。在地ばかりでなく、都における公事の遂行にあたっても、人々は出口のない連鎖にとりこまれていたのだった。

小城郷の金融事情

肥前国小城郷をめぐる金融は、閑院内裏造営だけでなく、千葉氏の惣領が大番役をつとめるための経費とも絡んでいた。これについては西心《さいしん》という人物の書状がのこされており、彼の配下で「馬允《うまのじょう》」という借上（金融業者）が、資金の手配を行っていたことがわかる。馬允は、小城の庶子家の当主の上洛資金と小城郷の年貢米を引き当てにして、千葉氏惣領の上洛費用二〇〇貫を融資しており、それを回収しようとしてまたも袋小路にはいりこんでいた。

西心の書状によれば、馬允は上記の契約の内容にしたがって小城郷に使者を派遣したのだが、全く相手にされず、「あまさへ（剰）さんざんにつかひ（使）のそくひ（素首）をひかれ（引）候て、はち（恥）かましきめにあひてみへ候」という次第であった。使者は首をつかまえられて散々にひきまわされ、ひどく恥ずかしいめにあわされたのである。

庶子家に上洛用の資金が用意されていないなら、小城郷の年貢米を返済に充ててほしい、それでも不足するなら、年貢収入の内訳などを詳しく示してもらわないと困ると、西心は訴える。さらに埒があかないようなら「大宮の御地」を質入れして金を作って、馬允に返済したらどうかという案も出している。大宮というのは京都の地名であろう。洛中の千葉氏所有の不動産を返済に充てよというのである。この大番費用については、弥二郎入道という金融業者も絡んでいて、こちらのほうが馬允よりも優先権をもっていたようにも見える（『秘書要文』紙背文書六・一八・一九・二三・二四号)。

債務を保証するのは、最終的には都市の不動産や在地の年貢米だったが、複数の経費・複数の地方・複数の金融業者が関係して複雑な操作が行われるうえに、債務者が契約を無視し、暴力に訴え、さらに年貢の収納はまるで不確定となると、消耗戦の様相を呈してくる。いたずらに状況が複雑化しているのだが、すぐに現金を手にしたい御家人層と、その性急さに応える金融業者という、需要と供給のバランスが成り立っているのだからしかたがない。不確定な要素が多かろうとも、経済の基盤である年貢収入を荘園領主層が握っている限りは、そこに連なることが金融活動を可能にする唯一の手段だったのだ。

拠点としての京都

さきほど「大宮の御地」という洛中の不動産に触れたが、これは千葉氏が京都における拠点として所有していた屋地(住宅と土地)であろう。大番役での上洛をはじめとして、内裏造営のような京都での公事に応えるためにも、このような不動産は必要だった。西心のように、さまざまな事務を仕切ってくれる人材も確保しておかねばならず、「大宮の御地」は普段は千葉氏の京都代理人の事務所あるいは連絡所として利用されていたのかもしれない。

前述の事情から、小城郷とそれを支配する庶子家が、惣領家にとって非常に大事だったことはあきらかだが、京都事務所は、小城郷についての裁判を行う場としても機能していた。『双紙要文』紙背文書のなかには元仁《げんにん》二年(一二二五)の年次を持つ二通の文書が含まれる(一九・四三号）。これは建長元年（一二四九）ごろに小城郷の多々良盛忠という者が、所領相論について千葉氏の法廷に訴え出た際に具書（証拠文書）として提出されたもので、盛忠の祖母の世代の相続の経緯を語っている。庶子や地方所領の住人の所領等を巡る係争に際して、本家の惣領の裁判所が裁定を行っていたことがわかる。

また建長七年（一二五五）に、同郷内の山岳寺院岩蔵寺《がんぞうじ》の院主寛覚《かんかく》が出した申状には次のように見える。「参上を企てて、子細を申しひらくべきよし□《の》御召文、去年下し給ふ間、おおばん（大番）御在京御時、寛覚参上せしめ候て、ことの子細を申し上ぐる」（岩蔵山院主権律師寛覚陳状『破禅宗』紙背文書五号）。同寺では、住僧らが寛覚の支配に不満を持ち、千葉氏惣領に訴えていた。そこで寛覚に対して、千葉氏法廷に出頭して申し開きをするようにとの召文《めしぶみ》（召喚状）が発せられた。寛覚は、惣領が大番役で京都に滞在している際に、上洛して自らの正当性を主張したというのである。

庶子家や地方所領を管理するために、京都大番役は重要な意味を持ったようである。地方の人々にとっても、在京の惣領の裁判権を活用する機会となっていたのだろう。小城郷内の力関係に満足できない勢力が、遠く下総の惣領に訴え、京都において裁判がひらかれるという状況は、地域の限定性を越えた広範なネットワークが成立していたことを示唆している。だがこのことは同時に、特定地域における独自の支配や成長を妨げ、問題を複雑化させる要因にもなったのではないだろうか。庶子家は、惣領の存在によって、支配下の住人に対する裁判権を侵害されながら、京都での公事を遂行したり、惣領の大番上洛費用を立て替えたりしなければならないという負担を課されていた。庶子家が抱える不満は、蒙古襲来をむかえた危機的状況のなかで表面化することになる。全国をむすぶ拠点として京都が機能することは、多元的・多層的に展開する関係を安定させるとともに、それらを複雑化させ、地域におけるより単純な関係の成立を遅れさせる要因ともなったのである。

千葉氏をめぐる金融——法橋長専の奮闘——

鎌倉の公事

下総・京都・肥前を結ぶ千葉氏のネットワークと、そのなかに潜む問題をみてきた。本節では、鎌倉での千葉氏惣領家の活動に迫ってみることにしよう。上洛して大番役をつとめたり、大規模な造営事業の一角を担うのも難儀だったが、幕府の運営を支え、将軍主催の行事に参加するなど、有力御家人としての格式は、鎌倉においても大きな負担をともなった。鎌倉に駐在して千葉氏の代理人をつとめ、資金のやりくりに奔走したのが長専という僧体の人物である。彼の仕事ぶりはいかがだったろうか。法華経寺所蔵の紙背文書には、彼の書状が何通も残されている。

正月に幕府で行われる垸飯《おうばん》という儀式がある。「垸飯」とは、もともとは椀に盛った飯のことだが、次第に饗応のための料理をさすようになり（ここから「大盤振舞」という表現が生まれた）、武家においては、元旦から数日間にわたっておもだった家臣が将軍に祝膳を奉る儀式となった。

要するに有力御家人が正月の幕府の宴会をまわり持ちで主催するのである。他に見劣りせぬ立派な饗膳を整えるのは大きな負担だが、ごく少数の有力御家人に許された特権でもあった。垸飯について長専から富木常忍に送られた書状がある（『秘書要文』紙背文書一二号）。

御所の垸飯のこと、今年は問注所菓子・酒肴一具御沙汰あるべきのよし、去年歳末に御教書を成し下されて候なり。これは前々は御沙汰なきことにて候へば、用途のいり候はんずること、去年垸飯にはまさり候はんずらんとみえて候。このようを御心得候て、御披露あるべく候。去年のごとく用途候はば、ゆゆしき大事にて候べく候なり。事々御使に申し候ぬ、恐々謹言。

正月六日　　　　長専（花押）

富木五郎（常忍）殿

〈今年の御所の垸飯は、問注所〈幕府の裁判機関〉での宴会を担当せよと、昨年末に書面をもって指示されております。これは以前にはなかったことですので、昨年の垸飯よりも経費がかさむ見込みです。どうぞご理解くださって〈千葉の惣領に〉申し上げてください。昨年と同じように考えていたら、たいへんなことでございます。詳細はお使いの方にお話ししてありますので、どうぞお尋ねください〉

また鶴岡八幡宮の神事に関わる役も多かったらしい。流鏑馬《やぶさめ》（馬を走らせながら鏑矢《かぶらや》で的を射る競技）の射手や放生会《ほうじょうえ》（捕獲した魚鳥を放して殺生を誡める行事）の随兵を出すようにとの通達（『破禅宗』紙背文書四号、『天台肝要文』紙背文書三四・三八号、『秘書要文』紙背文書二七号）がのこっている。ほかに「御所美女雑仕の四月更衣装束用途」などというものもある（『天台肝要文』紙背文書二四号）。将軍に仕える女性たちの衣替えのための費用と思われる。次々と課されるこれらの役を果すために、必要品を調達するだけでなく、所領からの資金の徴収、それが不足する場合の金策、関係各所との交渉等をまかされていたのが長専だった。彼は鎌倉を本拠地として、下総の富木氏と頻繁に連絡を取り合い、八面六臂の活躍をしていた。だが気の毒なことに、彼の奮闘は報われないことのほうが多かったようなのだ。

長専の嘆き

金策に苦労する長専から富木氏への書状は、自らの苦境を訴えてなかなか饒舌である（彼に限らず、この文書群の書き手の多くは、頭のなか・心のなかにあるものを、整理したり抽象化したりしないで、そのまま文字に写しているようにみえる。文章を練りあげる習慣はないが、書くことは厭わないようだ）。事情説明と泣き言が渾然一体になったような代物だが、必要以上に哀れっぽく書いている可能性は強いので、多少割り引いて見なければならない。ただ彼の立場の悪さは構造的なもので、いずれにしても良くなりようはなかったであろう。

長専は鎌倉幕府から千葉氏に課せられる公事を勤仕するために働いていたわけだが、それは

「(公事を)沙汰し候はじと申し候て、御領をば空しきやうにハなし候べきと存じ候しかば」(『秘書要文』紙背文書一四号)、つまり、公事に応じなければ、千葉氏の所領が没収されてしまうと恐れているからだという。幕府からの安堵によって保証されている所領は、奉仕を怠れば没収される可能性もあり、所領を守るためには奉仕が不可欠というわけである。だが皮肉なことに、公事をまかなう資金を調達するために大事な所領を質に入れるという事態がおこっていた。「すでに御領ども質に入り候へば、もし流れ候はん時は、御請文書きて候物のはからひなど、本給主も思はれ候ぬと存候」(『天台肝要文』紙背文書一二号)。長専は千葉氏の所領を質入れしており、質流れの危機に陥っていたのである。借用にあたっては、長専が自身の責任で返済を保証するむねの証文(請文)を作成していた。しかもそれぞれの所領の知行者(本給主)に断りなくやっているらしく、本当に質流れになったら、彼らは寝耳に水だろうというのである。いくら窮状を訴えても、千葉氏が対応してくれないので、独断で踏み切ってしまったのだろう。

無理な借金を重ねた結果、長専は債権者に悩まされることになった。富木常忍に宛てて連綿と訴える彼の長大な書状を、適宜抜き出して読んでみよう(年未詳七月二十八日 法橋長専書状『秘書要文』紙背文書一四号)。

面々請使《うけつかい》不日にうけとり候べき由、責めをいたし候こと、もっともその謂れ至極せしめ候をはんぬ。ここに東西奔走せしめ候へども、利銭借上をも尋ねえず候のあひだ、面々請使連日の責め、術無きの次第、かつがつご推察あるべく候。

（多くの請使が、いますぐ借金を返済してほしいと責め立てるのは、もっともなことで申し開きの余地がありません。この返済に充てるため金策に走り回りましたが、貸してくれるという金融業者をみつけられませんでした。請使に毎日責め立てられ、なすすべがないという事情を、どうかお察しください）

ある時は二、三十人と群がり立ち候て、高声にののしり候のあひだ、鎌倉習い、門前市をなす時も候。

（時には請使が二十〜三十人も家にやってきて、大きな声で返済を求めるので、鎌倉の人たちは物見高いから、門前に人だかりができることもあります）

請使と申し候は、大様皆もって侘しき人々にて候のあひだ、当時の時を過ごしては詮候はずと責め候。また田舎へ具して下り候はんと申し候へば、返す返す思ひがけずと申し候。

（請使というのは、だいたいが貧しい人たちですから、今この時を逃したらどうにも立ち行かないと責め立てるのです。それなら一緒に田舎へ行かないかと誘うと、とんでもない、そんなこと考えたこともないと断られてしまいます）

御辺も身内に参らせ候ての後、うち続き御大事どもの候つるに、愚身がほか、また誰の人かかる大事どもに身心を責めたる人候はず。

（あなたさま〈富木常忍〉も〈千葉氏に〉お仕えするようになってから、次々と問題がおこるとお感じでしょうが、〈そのなかで〉私のように骨身を削って困難な仕事をこなしている者が誰かほかにおりましょうか）

つらつら聖教の心を案じ候に、かくのごとき事等、皆もって宿習にて候なれば、いまさら嘆き申すにも及ぶべからず候へども、凡夫の習ひは謂れなき事をも思ふ事にて候。また人々も存外の事も候よし承り候へば、なかなか何と存じ候べしとも覚えず候なり。愚昧のいたり、愁嘆の心押へがたく候へば、かくのごとく申せしめ候、御心得あるべく候か。

（つらつら経文の教えを考えてみますと、このようなことは、いずれも前世からの因縁ですから、いまさら嘆くまでもないのですが、考えても仕方ないとわかっていることを、つい考えてしまうのが凡夫の習いというものでしょう。またいろいろな人が〈私のことを誤解して〉思いがけない評判をたてたりしているとも聞きますので、何と言ってよいかわかりません。愚かしいことだとわかっていますが、あまりにも嘆かわしいので、いろいろ申し上げました。なにとぞご理解ください）

長専の家には大勢の債権者が押しかけ、加えて野次馬も集まって、連日たいへんな騒ぎとなった。仕方がないので他からさらに借金しようとしたが、誰も貸してくれないという。すでに多重債務に陥っていたのだろう。ここで「請使」と呼ばれている人々は借金の取り立てを請け負っているだけでなく、彼ら自身が零細な金融業者だったと考えられる。

長専の別の書状の中では千束郷《せんぞく》の年貢米が「今月分御所方の御相まちに切られ」ており、それについての「面々請使」が催促に来ていると述べられている（『天台肝要文』紙背文書三四号）。千束郷は現在の東京都台東区千束に比定される地域で、そこから千葉氏が徴収する年貢米は、そのまま鎌倉幕府のなんらかの経費のひと月分に充当されることになっていた（「相まち」は「相節」「相折」のことで、費用を割り当てること、また割り当てた費用をあらわす。「切る」は分配する、割り当てる意。また千束郷の位置づけについては湯浅治久氏が「鎌倉時代の千葉氏と武蔵国豊島郡千束郷」で斬新な解釈を試みておられるので参照されたい）。この年貢米が予定通りに納入されないので、幕府側担当者は必要な費目ごとに債権を分割して、零細な金融業者に下請けに出したのではないだろうか。「請使」は取立てのために遣わされた使者というだけではなく、自らが債権者だった。これを回収しなければ破産してしまうような手持ち資金の乏しい人々だったからこそ必死だったのである。

回収の難しい債権はより立場の弱い者へと次々に転嫁される。これを引き受ける者がいる限り、上位の債権者はすみやかに必要な資金を獲得することができる。最終的には、多重債務者の長専と「侘しき」請使らによる、ピラミッドの底辺での駆け引きにたどりつく。だが反面、転嫁がくりかえされる過程で、多くの人間が関わり、それぞれがなんらかの利益を得るということもできる。所領から領主への年貢納入、御家人から幕府への公事勤仕の流れのなかで、多数の関係者が利益配分にあずかるので、この仕組みが社会的な支持を得て存続することができたのだろう。領主・幕府と金融業者との連携が成り立っていることにより、年貢米や公事の徴収権は、必ずしも現物の納入を待たず、すみやかに換金され、金融業者の手に渡って債権化されたのである。

田舎へ具して下り候はん

請使らへの支払いに困った長専は、彼らに「一緒に田舎へ行かないか」と誘ったという。「田舎」とは主人の千葉氏にとっての生産の現場、千葉荘等の在地をさすと思われる。長専が困っているのは、「田舎」で生産されたものが、必要な手順を経て、期日通りに鎌倉に到達しないからである。それならこちらから「田舎」に出向けば、生産物を手にすることができるはずだということだろう。

在地においては、さきに見た寺山殿と百姓重光とのケースのように、領主の百姓に対する暴力的な支配が行われていた。このような場では、中央から下ってきた領主やその使者に対して饗応を行う習慣があった。「三日厨《みっかくりや》」と呼ばれることもあり、伝統的な饗応は三日間にわたって続けられた。食事や宿舎を整えて接待し、馬や反物等の引出物を贈るのである。負担の多くは百姓への臨時の賦課・動員によって賄われる。要するに寺山殿のような現地支配者が直接圧力をかけ、百姓を思い通りに働かせるのである。在地から中央へという、距離や人間関係が隔たった過程にくらべれば、直接脅しをかければすむ在地での関係ははるかに単純である。

「田舎」に行きさえすれば、請使の憤懣をなだめることができると、長専は考えたのにちがいない。第一章で紹介した利仁将軍の芋粥の接待の縮小版をしてやろうというのである。だが請使は「返す返す思ひがけず」と長専の誘いを断っている。「田舎」に行って得られるのは「田舎」の流儀でのもてなしでしかなく、彼らが本当に必要とするものとは異なることを知っているのだろう。借金を返す代わりに、ゴルフや温泉で接待するようなものだから、所詮その場しのぎでしかないことは、両者とも心得ていたはずである。

田舎という生産の現場と、京都や鎌倉という中央・公事勤仕の場との連携の不全は、そのまま地域における饗応の世界と、全国をめぐる貨幣経済の構造との懸隔をあらわす。その溝を埋めているのが多数の金融業者と長専のような中央駐在の事務担当者だった。彼らの縦横な活動のなかで、債務は多重化・複雑化し、実際の物流とは乖離して、金融や送金の仕組みばかりが選択的に進化していったと考えられる。本質的な問題が解決されないまま、矛盾はより弱い者に先送りされていったが、生産と消費の循環の起点となる荘園公領制および朝廷や幕府における公事という既成の構造が覆されない限り、転嫁の連鎖に参加する以外の選択肢はなかったのである。

御家人領の構成

鎌倉武士というと「一所懸命」という言葉が思い起こされ、先祖伝来の土地を守り、一生をその地でおくるというイメージがあるのではないだろうか。だが今まで見てきたように、千葉氏においては守護国の下総と、名字の地（名字の由来となった本拠地）である同国千葉荘のほかに、庶子家のおさめる肥前国小城郷、いまひとつの守護国である伊賀、さまざまな公事をつとめる鎌倉・京都など全国に散らばる多くの拠点を結んで、多くの人が移動し、情報や物資がやりとりされていた。このような状況は千葉氏に限ったことではなく、本拠地に加えて幕府から恩賞として与えられる所領で構成される御家人領は、散在性が高く、全体としての経営の効率性などはほとんど意識されていなかった。合戦の結果、敗北した側の所領は没収され、恩賞として勝利側の御家人らに分配される。惣領はこうして獲得した所領を拡大する一族にあてがい、全国に展開する所領と庶子家を支配・管理しながら幕府の要請をこなしていかなければならない。庶子家に公事経費を配分し、合戦の際には一族がそのまま戦闘単位になるのである。だが閑院内裏造営をめぐる千葉頼胤（亀若丸）の訴えにあきらかだったとおり、惣領は拡散する所領や一族を統制することができず、それぞれの所領の中で細分化された支配単位が、実際のところどれほどの負担能力があるのかも掌握しきれていなかった。

このような状況をなんとかまとめあげていく役割を負ったのが、富木常忍や長専のような事務担当者である。前者は惣領のもとで所領の統括や裁判権の行使等に関わり、後者は鎌倉や京都などの都市部を拠点として、政権との交渉や資金・物資の調達を行う。彼らもまた、その事務処理能力を武器に各地を移動する人材であった。

この構造は武士だけのものではなく、荘園領主である皇室・貴族や大寺社にとっても同様で、彼らは現実の在地支配からさらに遊離して存在していたといえる。全国に散在・拡散する所領を結び、恫喝と恐怖の交換を軸として、より弱い者へと矛盾を先送りする状況のなかでは、地域における再生産構造の構築は、ほとんど視野に入っていなかったであろう。中世前期社会は、地域や共同体の創出・成長の段階にはいまだいたっておらず、領主層が地域の生産力の、いわば上前をはねているのが実態だった。地域の生産力は育まれるのではなく、喰い散らかされ、蕩尽されていたのだといえよう。狩猟・採集経済からいくらも隔たっていないとさえ言えるかもしれない。社会が次の段階に進むためには、南北朝期から室町時代を通じての準備を経て、戦国時代の競合と戦闘を待たなければならなかった。

不条理を支えるもの

金融業者のモラルと文書の尊重

だが複雑な金融操作と、より弱い者へと矛盾が先送りされていく仕組みを支える、より直截な条件はなかったのだろうか。長専は一五七～一五九頁でとりあげた書状の中で「私は（主家のために）誰よりも骨身を削って働いている」と書いている。この書状の最後のほうでは、切々たる心情が綴られ、涙なしには読めぬとは言わないが、なかなかに雄弁である。彼とて慈善事業でやっているわけではなく、実際には弱い者を苛んだり、どこからか利益をひねり出したりしていたにちがいないが、主人のために尽くしているという言葉も、それなりの真実ではあろう。迷路にはいりこむような転嫁のしくみが、決定的な破綻にいたらなかったのは、文飾がほどこされているにせよ、長専が職業上の道義心のようなものを持っていたからだと考えられる。彼が相手にしている「請使」をはじめとする金融業者も同様のものを持ち合わせていたのだろう。

前章でみた『徒然草』の大福長者を思い出してみよう。正直を心がけて約束を違えず、倹約に徹して富を増やすのが、彼の目指すところであった。さらに「恥に臨むといふとも、怒り恨むことなかれ」という教えは、不当な非難や叱責にさらされることの多い彼らにとって、忍耐や強靭さを説くとともに、既成の力関係に対する批判や反抗を封ずる意味をもっただろう。このような道徳観が、金融をめぐる迷路のような仕組みを下支えする役割を果たしたにちがいない。

さらに重要なのは当時の人々の文書に対する意識である。荘園公領制が、記録荘園券契所（記録所）による荘園立券文（荘園の成立を認可するむねの公文書）の審査によって始まったことからも知られるとおり、中世社会を規定する重要な通念として文書主義がある。研究上の用語としては「中世的文書主義」と称する。すなわち、所持する文書によって、所領の知行や売買等の正当性が保証される法体制を意味する。「文書を持っているという事実」が権利の源泉になるという概念で、これが高じると、たとえ拾ったものであっても、文書を持ってさえすれば、そこに記された権利をわがものにできることになる。これは菅野文夫氏によって「文書フェティシズム」と命名され（「本券と手継—中世前期における土地証文の性格—」）、文書一般の有価証券化として説明されている。相続や売買の場合には、文書の所持に加えて「相伝の理」すなわち権利の継承の正当性をあきらかにすることが必要になるので、権利の移転のたびに、過去の文書の譲渡とともに、あらたな文書（売券や譲状など、所有権移転の経緯や合法性を示す文書）の作成が行われる。したがって、過去から当該の時点にいたる所有権の移転を示す一連の文書（手継証文《てつぎしょうもん》）が、新所有者の手に残るわけである。また、あらたに作成される文書は、前所有者の権利の放棄・権利の消滅を証明する意味も持つ。

政権による権利の保護が不十分な状況では、所領に対する支配の実現は、実力や暴力の裏付けがなければ事実上困難である。正当な権利を持たない者の侵略を受けた場合、裁判だけでなく、武力衝突を勝ち抜かねばならないことも多い。たしかに実力主義が支配する弱肉強食の社会ではあるのだが、一方で人々は意外なほど文書の示す正当性・合法性にこだわっていた。

文書の現物主義

所有の対象が不動産の場合には、上記のように手継証文が書き継がれ、受け継がれるのだが、それ以外のものについてはどうだろうか。とくに証文が必要になるのは、金銭の貸借および下人・所従の所有権に関わってということになろう。いずれも、踏み倒されたり、略取されたりなどの不当な事態が頻発しているのだが、律儀に文書主義が守られている一面もある。

前出の『山王霊験記』の説話を再びとりあげよう。訴訟のために京都から下ってきた女性に金を貸した金融業者の夫婦の家では、最愛の娘が突然病を発した。霊能者やイタコなどを呼び集めて大騒ぎしたのだが、いっこうに良くならない。そのうち娘は「女性への貸金を無効にせよ。この神勅に従えば、病はたちどころに癒えるであろう」と託宣を告げた。これを聞いた夫婦は、ただちに「多く結い合たる証文を取り寄せ、選び」出した。大量の貸金の証文を綴りあわせてあるなかから、女性の借用書を探し出そうとしたのである。父母が手間取っているのを見て、娘は「私に貸しなさい。すぐにわかるから」と言って証文の束を取り上げ、薄暗い灯火の下で、即座に一通を取り出した。確かに求める証文で、娘の病気もおさまったという。これほど山王権現に慈しまれている女性を、いままで責め立てていたのは申し訳なかったと、夫婦はたいへんに後悔した。すぐに八十貫の借用書を女性に返して債権を破棄したばかりでなく、衣装や酒肴などまで整えて、女性の滞在先に持参した。彼らがやってくるのを見て、下人たちは「とうとう私たちを引き立てに来た」と騒ぎ悲しんだが、事情を聴いて上下みな合掌し、山王の霊験を称えたのだった。

というわけで、めでたく女性は借金から解放され、下人たちも連れていかれずにすんだのである。ここで金融業者の夫婦は、債権の破棄を告げるだけでなく、女性が差し出した証文を返却している。娘がこの証文を探し出す過程そのものが、神意による不思議として強調されているのだ。債権・債務の発生や解消に際して、証文の授受は不可欠で、当事者の意志がどれほど明確に示されていても、証文が相手方に残っている限り、安心できなかったのだろう。文書が有価証券として機能する以上、文書の所有は権利の所有と同義である。この点については強固な社会的合意が成り立っていたらしい。文書に裏付けられない貸借関係が無効なのと同じく、債務が解消された場合には、文書を確実に破棄する必要があった。対象が不動産であれば、譲渡のたびに新たな文書が作成されたが、動産の場合は、それほど厳密でなく、まさに文書を所持してさえいればよかったのだろう。

冠者《かじゃ》重吉の場合

金銭ばかりでなく、人身の質入れと証文との関係も同様である。建長元年（一二四九）ごろのものと思われる冠者重吉なる者の申状《もうしじょう》が『双紙要文』紙背文書に伝わっている（二一号）。経緯は以下のようなものである。重吉は元仁元年（一二二四）に、父親が石見公《いわみのきみ》という僧から出挙米二斗を借用する際の質物とされ、翌年秋になっても返済ができなかったために、石見公の下人となって、長年仕えてきた（出挙米は稲作をするための種籾を貸し付けたもので、秋の収穫時に利子をつけて返済する）。「冠者」とは元服して冠や烏帽子などのかぶりものをつけた少年、または若い従者をさす。冠者重吉という名乗りは、彼が子供のころに父に質入れされ、石見公のもとで成長したことをあらわしているのかもしれない。

さて、何年にもわたって石見公のために働いたのだから、もう借金は帳消しにしてくれても良いのではないかと重吉が主張したところ、石見公は怒って「それなら暇を出してやる」と、身ぐるみ剝いだ上で重吉を追い出した。重吉は仕方なく別の主人の庇護下にはいり、その主人の援助を得て六斗の米を石見公に返済した。重吉としては元本と利息をあわせて十分な額を返済したのだから、父の入れた証文を返却してほしいと願ったのである。ところが石見公はこの金額に納得せず、長年のあいだに蓄積したはずの利息を計算して、守護所に訴え出た。反論しないと、重吉はまた振出しに戻ってしまうことになる。これは千葉氏惣領が大番役のために京都に滞在している期間のことだったらしく、重吉はちょうど上洛しようとしている長専に申状を預け、京都に届けてもらおうとしていた。惣領によって自分の主張を認め、守護所にとりつぐ内容の文書を書いてもらって、石見公の横暴を阻止しようという計画である。

重吉の文書は、京都にいる千葉氏惣領にあてた上申状の体裁をとっている。まず長年下人として暮らした人物が、自らの立場を堂々と主張し、また守護所における裁判の手続きを踏まえて

「千葉殿御一行《いちぎょう》」（千葉氏惣領による文書）を獲得するための適切な手段をとっている点が興味深い。石井進氏は、守護所での裁判が問題になっていることから、千葉氏が守護をつとめている伊賀国でおこった事件ではないかと推定しておられる（『中世を読み解く――古文書入門――』）。

宝治二年（一二四八）に制定された鎌倉幕府の法律では「主従対論のこと」（従者が主人を訴えること）については裁判を受け付けないとする（追加法二六五条）。また『吾妻鏡』建長二年（一二五〇）四月二十九日条には「雑人《ぞうにん》訴訟のこと」として、一般庶民が裁判を起こす際には、在地ならば地頭の挙状（上位の者が下位の者を取次・推薦するために出される文書）、鎌倉在住の者なら地主の挙状を得た上で、幕府に訴え出よという原則を定めた旨が見える。

御家人の主従関係においては、主人の立場が絶対的に強く、従者はその成敗権の中にいるので、従者が主人を訴えるなど、あってはならないことだった（ただこのような法令がわざわざ発布されているところをみると、主人を訴える従者が少なからずいたのだろう）。雑人についても、問題があれば領主や地主の支配権・裁判権の範囲で処理されれば良いことなので、彼らがさらに上級の裁判所に訴える場合には、特別の手続きが必要になるのである。前出の寺山殿を訴えた百姓橘重光もそうだが、百姓や下人が直接の主人を超える上位の裁判機関に訴えることが行われていたのは確かである。つまり百姓や下人であっても、それだけの力や手段を持つことが可能だったのだ。

ところで、重吉が石見公に不当に扱われたことは間違いないが、結果的には石見公の支配下から脱し、もっと親切な主人についたのである。そのまま逃げてしまえばいいと思うのだが、重吉は石見公に借金を返済し、証文を取り返すことにこだわっている。自分を質入れした証文が他人の手に握られている限り、下人の地位を抜け出すことはできないと考えていたのだろう。

　古文書学の研究においては、不動産の所有権を保証する文書は永続的効力を持ち、代々大切に保管されるが、動産に関するものは一時的効力しか持たず、用が済めば廃棄されてしまう、と説明される。たしかに金銭や人身は不動産のように永続的な対象ではないので、これらについての文書はあまり大事にあつかわれていないように見えることが多い。だが実際に書面に名前を記された人々にとっては、自らの身体や生活の自由がそれによって左右されるのだから深刻である。一定の金額の債務・特定の人物等、対象が限定的であるだけに、一通の文書との交換可能性が切実に感じられたのではないだろうか。

　借金を踏みたおす、下人が逃亡する等、実力行使によって契約が破られることが頻発していたのはまちがいないが、その反面、彼らの行動からは、証文の存在に対する意外なほどの律儀さを読み取ることができる。契約の締結や継続と、証文の授受・所持を同義ととらえる、契約リテラシーの成熟とでもいったらいいだろうか。第二章で下文や返抄について論じたことを思い起こしていただきたい。契約履行の簡便にして確実な裏付けを、文書の授受に求める方式は、中世を通じて広い社会層に普及していったのである。

浄土の希求、現世の蕩尽

撫民政策と在地の現実

より弱い者が痛めつけられる状況を、施政者がまったくかえりみなかったわけではない。鎌倉幕府は法令によって「撫民」を説き、朝廷にも同調して撫民政策を展開するよう働きかけた。本章で素材とした中山法華経寺所蔵の紙背文書が作成されたのとほぼ同時期、建長五年（一二五三）には「諸国郡郷庄園の地頭代」に対して、検断（犯罪の検挙や刑事事件の審理）に関する十三カ条の法令が出された。地頭代とは幕府に任命された地頭に代わり、現地で直接農民を支配する者をさす。地頭代は犯罪捜査を名目に、百姓にかなりひどいことをしていたらしい。証拠がないまま捕縛・拷問を行い、本人だけでなく家族や下人・所従まで処罰し、田畑や資財を没収するなどの行為である。これらの法令は、地頭代の「土民」に対する不当な暴力を誡め、罪科の種類に応じた処罰の原則を定めることをめざしている。総論的な「撫民を致すべきこと」という一条をとりあげてみよう。

右、あるいは非法をもって名田畠を上げ取り、その身を追い出し、あるいは阿党《あとう》を成して民烟を煩わせ、資財を奪取する由その聞こえあり。所行の企て、甚だ政道の法にあらず。およそ少事をもって煩費をいたすべからず。もっぱら撫民の計らいをいたし、農作の勇を成すべきか。

〈地頭代は〉正当な根拠なく土民の田畑を取り上げ、所領から追い出し、また近隣の地頭代らと徒党を組んで土民を責め苛み、資財を奪っているという。このような行為は政道からは

ずれている。些細な瑕瑾をあげつらって土民を疲弊させてはならない。もっぱら撫民につとめ、農業を発展させるべきである）

まことにもっともな内容だが、幕府が地頭の代官のレベルにまで踏み込んで、このような法令を出さなければならないところに、在地の生産関係が陥っている深刻な状況をうかがうことができる。寺山殿と橘重光の関係は、千葉氏の所領内だけのことではなく、全国の荘園・公領に通じる問題だったのである。

もう一条、「土民の身代を取り流すこと」という法令をみておこう。こちらは以下のような内容である。

年貢や公事を納められない場合に、その代わりとして身柄を（質物として）拘束されるのは定法である。だが少しの未進、些細な咎によって、身柄を質流れとされてしまうのは気の毒である。年月がたってからでも、債務を返済し、身柄を請け出したいという場合は返してやるようにせよ。返済できずに質流れとなる場合も、本人の父親や主人が申し出れば、下人としての値段を勘案し、近隣の地頭代らとも相談して、（借金との）差額を（父親や主人に）与え、放文《はなちぶみ》（権利を放棄する旨を記した文書）をとってから、売り払うようにせよ。

おさめられない年貢のかたに百姓の家族や下人をさしおさえる際の心得である。不当な拘束を禁じ、債務を返済しようとする者には、できるだけ便宜をはかるよう定めている。また質流れとして他に売り払う場合にも、差額を返却したうえで放文をとるようにという部分は、前に見た契約についての律儀さをあらわしている。質物とされた人物に対する親やもとの主人の権利を、文書によって確実に放棄させたうえで、近隣の相場に従って売り払えというのである。

地頭代は領内の事件や人々に対して警察権や裁判権を行使したが、それらは安寧や秩序を守るためというよりも、土民の過誤に乗じて罰金を徴収することが、事実上の目的となってしまっていた。十三カ条の最後には、土民が自らの潔白を神に誓うために起請文を書く際に、地頭代が「祭物料」として絹布等を責めとることを禁ずる一条がみえる。「祭物料」とは起請文を捧げるにあたって神に供える供物の費用を指すと思われるが、これを地頭代が徴収するとすれば、彼は土民と神との仲介者、あるいは神そのものの地位までをわがものとしているといえるだろう。前に触れた、作物を差し押さえる意図で田畠に注連縄を張る行為にも、同様の驕り・強権をうかがうことができる。幕府は「撫民の計らい」によって「農作の勇」を成すことを提唱したが、地頭代の苛政によって農業の再生産構造や共同体の構築はむしろ疎外されていたのが現実だった。

北条重時の思想

上記の撫民政策を主導したのは、六波羅探題・連署《れんしょ》（執権を補佐する地位）等を歴任した北条重時（建久九〈一一九八〉～弘長元〈一二六一〉年）だった。重時は六波羅探題として十七年間を京都で過ごし、ときの執権北条泰時が定めた御成敗式目の送付を受けて、西国の御家人らに周知・施

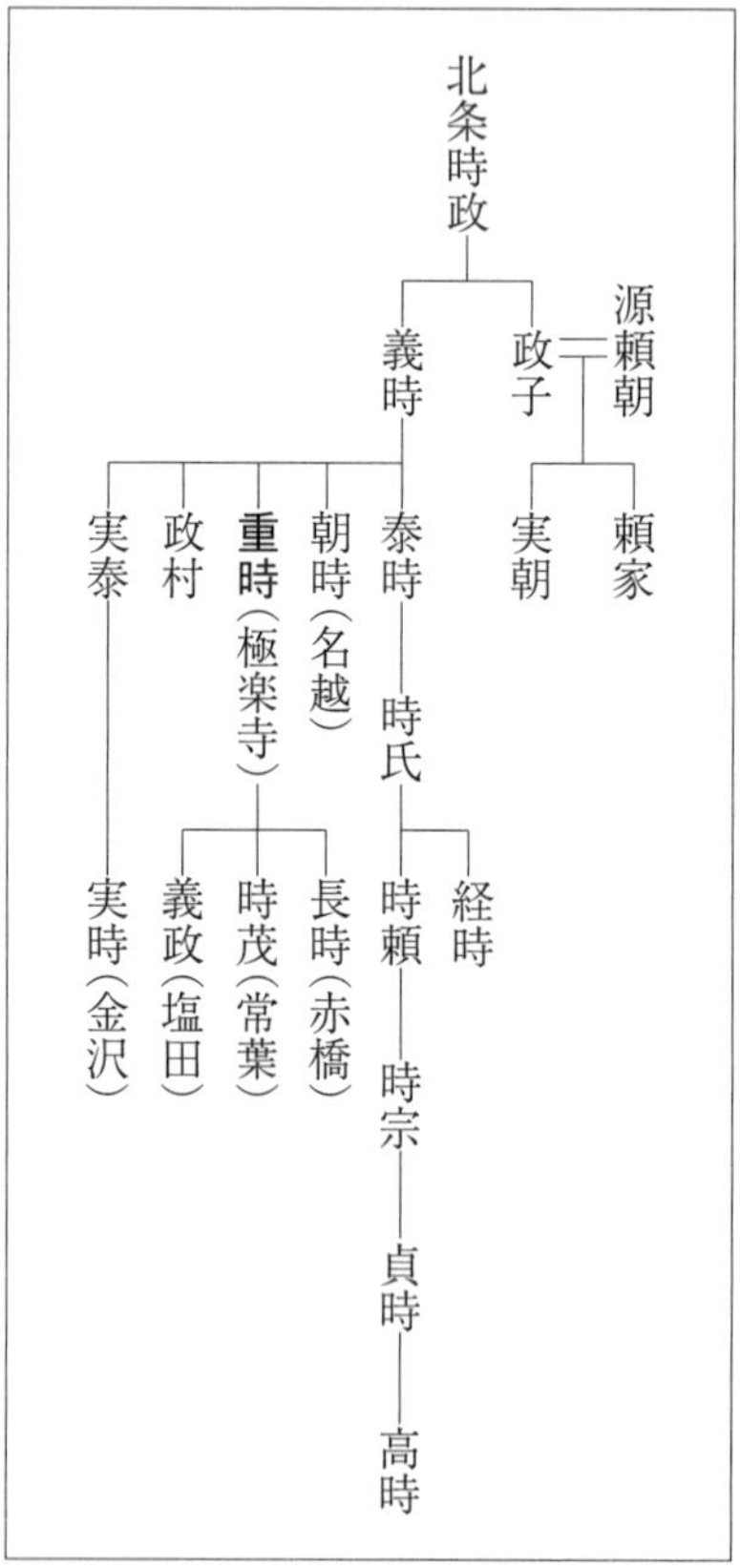

北条氏略系図

行し、また朝廷と数々の重要な折衝を行った。宝治元年（一二四七）にいたって、若き執権北条時頼の要請によって鎌倉に帰り、連署として得宗勢力の確立に寄与した。彼は極楽寺流と呼ばれる一族の祖となったが、北条氏一門でも得宗に反発する勢力もあるなか、極楽寺流は一貫して得宗を支える姿勢をとった。

重時に撫民という発想を与えたのは、専修念仏に対する彼の信仰だったと考えられる。専修念仏とは「南無阿弥陀仏」と唱えさえすれば、阿弥陀仏の広大な慈悲の力で極楽往生することができるという教えである。武家政権の成立に先立つ院政期においては、地方から中央へと院の高権めざして運ばれる富が、寺院の造営や大規模な法会の実施のために消費された。これらの事業はもちろん信仰の表明、民衆を代表しての祈禱という目的を標榜して行われ、事実民衆の眼を驚かせ、畏敬の念を与えるという意味で、富の社会還元としての意義をもった。だが『続古事談』（巻二）には、白河院が法勝寺の造営を行った際に、「こんなに素晴らしい寺院を作ったのだから、どれほどの功徳になるであろうか」と問うたのに対し、禅林寺の永観律師が言葉少なに「まあ、罪にはなりますまい」と答えたという話がみえる。寺院や法会が民衆の苦役の上に成り立っていたことはまちがいなく、浄土を希求しつつ、現世を蕩尽するという矛盾があらわれていた。

信仰の証として堂塔を造営し法要を行うのは、規模の大小はともかく、あらゆる階層で行われていた。寺山殿と橘重光との相論も、重光の祖父母の葬儀や寺山殿の仏事に絡んでいきちがいが生じた結果であり、祭祀や法会が宗教の分野だけで完結せず、社会的な抑圧や衝突を呼び起こしていたことを語っている。

宗教的事業の持つ矛盾や欺瞞を可視化したのが専修念仏の教えである。「南無阿弥陀仏」と唱えるのみという簡素さは、善根を積み上げることによって浄土に迫るという、それまでのわかりやすい方法を否定する意味を持った。浄土にのぼる梯子をはずされた信仰者たちは、自身と浄土とのあいだの空白を、自分自身の内面や、信仰と現実との齟齬をつきつめることによって埋めなければならなかったのである。

北条重時の家訓

北条重時の思想の基盤を成すのは憐愍主義あるいは博愛主義に通じる精神で、これは阿弥陀仏の広大な慈悲をたのんで浄土に達しようとする信仰が、現世における他者への姿勢に転じたものと考えられる。彼は二種類の家訓を残しているが、そのひとつ『六波羅殿御家訓』は以下の一条からはじまる。

仏・神・主・親に恐れを成し、因果の理《ことわり》を知り、後代のことを鑑み、すべて人を育み、要にたたぬ者を懲らさず、惣じて心広く、人に称美せられ、心甲にて、かりそめにも臆病に見えず、弓箭の沙汰暇なくして、ことに触れて懐かしくして、万人に昵《むつ》び、よく思われ、皆人ごとに漏らさず語《ことば》をかけ、貧しげなる者に哀れみを成し、妻子・眷属にいたるまで、常にうち咲《わらい》て、怒れる姿見ゆべからず。また召仕わん侍・雑色・中間等までも、ことに触れて、悪しざまにて難かしからん者をば仕うべからず。さ□れば□故に、吉《よ》き者あまた失《う》するなり、第一の損なり。

寛容で他人から讃えられ、勇敢で臆病に見えず、武道に精励して信望あつく、万人と親しみ、慕われ、皆にひとしく言葉をかけ、貧しそうな者は援助してやるようにせよ。常に機嫌よくして、妻子や親族などにも怒っている顔など見せてはならない。まさに万能にして愛に満ちた主人たることを提唱している。自分自身の姿勢も大事なのだが、同時にそのことが過不足なく他人に伝わらなければならない。「世間の聞」や「人聞」の良さに過剰なほどこだわるのが、重時の教えの特徴である。ただし多くの部下を使って政治を主導する立場では、博愛主義ばかり貫いてはおれない。人々の成長を見守り、役にたたないからといって必要以上に咎めないようにと述べながらも、実際には部下を評価・選択しないわけにはいかない。したがって、気むずかしく、人あたりが悪い者などは召し仕わないようにしないと、良い人材までよりつかなくなってしまうと、不適切な人材の排除を説かざるを得ないのである。万人に対して良い人のようにふるまうことと、有能な組織者であることは両立しえない。そのために、他人に対する好悪や判断をけっして表面に出してはいけないという、孤高の立場が求められる結果となる。

重時の教えでは「道理」さえも確固たる規範にはならず、「世をも人をも助け」ることを第一義とし、そのためにはあえて「僻事《ひがごと》」（道理でないこと・まちがったこと）を選択する場合もあろうと述べる。実にナイーブで、厳しいありようといえるだろう。百姓についても「百姓をいたわれ、徳もあり、罪もあさし」と、撫民を推奨している（『極楽寺殿御消息』）。

ただし、彼のような境地を理解する者はわずかで、大多数の武士たちは非常に単純で粗暴な生活を送っていた。重時の家訓のなかの「いかに腹立つことありとも、人を殺害すべからず」という一条からもうかがえるように、怒りからただちに殺傷にいたる直情的な行動が一般的だったのである。「あまりに腹立ちて奇怪に覚えば、人に預けて、よくよく心を静めて後、所当の罪科に行うべし」と続くのだが、所定の量刑にしたがうよりさきに、怒りに任せて暴力に走ることが多かったらしい。撫民をうたう一連の法令が、量刑の遵守をくりかえさなければならなかったわけである。

幕府の発する撫民政策は、多層的・多元的な社会構造のなかで、政権が「土民」にまで目をむけたという点で画期的だった。だがその背景にある憐愍主義は、一般の武士の行動原理とはかけはなれたもので、実効性は乏しかったのではないだろうか。むしろ正統性に乏しいまま、将軍権力や有力御家人を駆逐しつつ政権を握り続けた北条氏の自己認識の複雑さに思いをいたすべきなのかもしれない。

内省から行動へ

専修念仏は、その信者達を内省に導き、慈悲の教えと現実とのあいだに横たわる多くの問題を意識させた。その過程で道理と非理との境界は曖昧になり、行動に出ることは抑制される傾向にあったと思われる。だが前述のとおり、一般的な武士にとっては、むしろ行動が先行しており、専修念仏の受容においても、内省よりも行動に向う例がみられる。

『法然上人絵伝』に登場する熊谷直実《なおざね》（永治元〈一一四一〉～承元二〈一二〇八〉年）はその典型的な一人といえよう（第二十七巻）。直実は法然に傾倒して熱心な信者となった。出家の志を発して、法然の門をたたいたところ、「罪の軽重は関係ない。念仏を唱えさえすれば往生できるのだ」と説かれ、「手足を切り、命も捨てなければ救われないと思っておりましたのに、ただ念仏を唱えればいいとおっしゃるのが、あまりにうれしくて」と感涙にむせんで帰依したのである。法然が摂関家の一員である九条兼実邸を訪問した際に、呼ばれもしないのにお供についていったのだが、自分が庭先に控えさせられたことに怒って、「これではお上人さまのお話を聴くことができない。極楽にはこのような差別はないであろうに」と声高に主張した。兼実は彼が縁側に昇ることを許し、室内にいる法然の法話を聴聞させたという。彼の身分からすれば庭に入れてもらえただけでもありがたいとしなければならないのだが、そのような伝統的な礼式を否定して、仏の前での平等を主張したのである。

また直実は上品上生という最上級の往生を遂げるという願を立て、往生の日取りを予告する立札をたてた。一度めはうまくいかなかったのだが、二度めの予告は見事に成就され、群衆が見守るなか、口から光を放ち、紫雲がたなびき、妙なる音楽が聞こえ、異香が漂うということに派手やかな往生を遂げたという。

法話を聞く熊谷直実　右から順に兼実、法然、左端が直実である　『法然上人絵伝』
『新修　日本絵巻物全集14』（角川書店）より

彼の信仰は、衆人の注視のなかで阿弥陀の本願に挑戦し、試すような志向を持っており、北条重時の家訓にみえる寛容と受容、孤立と忍耐の姿勢とは遠いものといえる。直実にとって、重時が語る道理と僻事との微妙な関係は理解しがたかったろうし、不徹底としか思えなかったであろう。

信仰が直情的で、ときに攻撃に近いような行動に結びつくという型は、実は日蓮のありように通じる。日蓮の布教の対象は、念仏宗のそれと大きく重なっており、両者は厳しく競合した。日蓮は法然の専修念仏を「念仏は無間地獄の業」として折伏しようとしたのである。敵を設定することによって、課題はあきらかとなり、行動が促される。

中山法華経寺所蔵史料において、日蓮の教学と在地の史料とが表裏になっているのは、けっして偶然ではない。支配と被支配との連鎖のなかで、行動することでしか活路を見いだせない人々こそが日蓮の教えに共感する層だったのだ。日蓮の教えには、紙背文書の世界が抱える不条理の袋小路に切り込んでいけると予感させるものがあったにちがいない。だが彼らは自分たちのひらくべき道を知っていたのだろうか。

第五章　悪党の肖像——南北朝時代

夜討・強盗・山賊・海賊

悪党＝悪い奴？

「この悪党！」というのは罵り言葉としては少々古風な感じだが、そう言われる相手は、どこからどう見ても悪い奴、申し開きの余地のないワルモノだろう。ちなみに『日本国語大辞典』を引いてみたら、「本当に小川さんは、優しい顔はしてゐても悪党だわねえ」（森鷗外「鼠坂」一九一二）というなかなか凄い用例がでてきた。私も誰かにこんな風に言ってみたいものである。

だが中世史で「悪党」という場合は、ただの悪い奴ではなく、鎌倉時代後半から南北朝時代にかけて、社会の構造的な変化のなかで生まれ、広範な活動を展開し、次の時代への転換の原動力となった人々を指す。既成の秩序から逸脱し、それを攪乱したからこそ彼らは「悪党」と呼ばれたのだが、ただの犯罪者やならず者ではなく、時代の必然に根ざした存在であった。

「いい人」ばかりでは成り立たないのが世の中の厄介なところで、もともと「悪い奴」は超歴史的に存在する。貞永《じょうえい》元年（一二三二）に制定された鎌倉幕府の基本法典である「御成敗式目」には「盗賊・悪党を所領の内に隠し置くこと」を禁ずる旨の一条が設けられ、諸国の秩序を乱す賊徒を拘禁し、彼らをかくまう者も処罰するよう命じている。

しかし、次に示す正嘉《しょうか》二年（一二五八）の法令からは、ありきたりなワルモノではなく、いわば社会現象としての「悪党」の出現を知ることができる。

国々の悪党蜂起せしめ、夜討・強盗・山賊・海賊を企つるの由、その聞こえあり。狼唳《ろうれい》の甚だしきは誡めざるべからず。見隠し、聞き隠すべからざるの旨たびたび仰せ下されおわんぬ。早く警固を加うべきなり。実犯の族においては、その身を召し進めしむべし。かつがつ権門勢家の領たりといえども、守護人の下知に背き、悪党を拘惜《こうじゃく》するにおいては、注申に随いてその科《とが》に処せらるべきなり。この趣をもって淡路の国中に触れ廻らし、沙汰致さしむべきの状、仰せによって執達くだんのごとし。

正嘉二年九月廿一日　　武蔵守（北条長時）判
　　　　　　　　　　　相模守（北条政村）判

淡路四郎左衛門尉（長沼宗泰）殿

淡路国の守護に宛てたものが残っているのだが、他の国々に向けても同文の命令が発せられたと考えられる。諸国で「悪党」が発生して、夜討・強盗・山賊・海賊などの悪事を尽くしているので、取り締まるようにとの内容である。四つの悪事の中でも、「夜討」については説明が必要だろう。これは夜間に戦闘を行ったり、不穏な行動に出たりすることを指す。夜陰にまぎれる狼藉は忌むべきものという中世的な認識があり、同じことを昼間に行うよりも重罪とみなされた。

在地においても「夜田を刈る」、すなわち夜間に他人の所領の作物を刈り取る行為は、とくに別項目をたてて禁じられており、夜間の悪事を忌避する慣習は根強かった。とにかく「悪党」はありとあらゆる反社会的行為を行い、しかも荘園内にかくまわれるなど、なんらかの拠点や協力者を確保して、追及を逃れていたのである。

上記の法令の直前にも、出羽・陸奥両国において夜討・強盗が蜂起して往還の人々を襲っているので召し取るようにとの命令が発せられ、また建長八年（一二五六）には、奥大道《おくだいどう》（鎌倉から奥州にいたる街道）における夜討・強盗の蜂起について、宿場ごとに警護を行って捕縛するよう、街道沿いの地頭二十四人に対して告げられていた。悪党は全国に蔓延し、広い地域にまたがって活動していたのである。

後鳥羽院の強盗見物

街道や関所など交通の要衝が犯罪者の根城になることはめずらしくない。往来する旅人や物資を狙い、仮に追っ手がかかっても、逃げるのに都合がよい。

そのような盗賊の話が『古今著聞集』巻十二「偸盗《ちゅうとう》」にみえている（四三六段）。主人公は後鳥羽院の治世（同院の院政は建久九〈一一九八〉～承久三〈一二二一〉年）に活動した「強盗の張本交《かた》野八郎《ののはちろう》」である。河内国交野（現在の大阪府枚方市北西部の淀川東岸地域）を本拠地に、淀川の水運を利用して縦横無尽の悪事をはたらいていた人物であった。彼を捕縛しようと多くの討手が遣わされたのだが、「山にこもり、水に入りて、すべて人を近づけず」という神出鬼没ぶりで、やすやすと逃げ切ったという。

あるとき、この交野八郎が今津（現在の大阪府高槻市柱本。淀川水系の重要な川津〈川の渡し場・船着き場〉）にひそんでいるという情報が入ったので、後鳥羽院は西面の武士（北面の武士に加えて、後鳥羽院があらたに設けた院側近の武士）に出動を命じ、自らも船に乗って見物に出かけた。八郎は武力に優れ、武士たちが四方を取り囲もうとしても、機敏に逃げ回り、一向につかまる気配がなかった。院も夢中になって、船上で手ずから櫂をとり、右に左にと、武士達に指示を出した。すると八郎は抵抗を止め、あっさりと捕らえられた。とりあえず水無瀬殿《みなせどの》（水無瀬川が淀川に合流する地点、石清水八幡宮の対岸に設けられた後鳥羽院の離宮。後鳥羽院は鳥羽殿から淀川を船で下り、しばしばこの離宮に遊んだ。大阪府三島郡島本町の地で、現在は水無瀬神宮となっている）に連行して、何故これほどやすやすとつかまったのかと問うと、「おんみずからお出ましになって指揮をなさるだけでももったいないのに、重い櫂を扇などのように軽々と片手で扱われるのを拝見して、私の運も尽きたと感じられ、力が抜けてしまいました」と答えたという。後鳥羽院は八郎の罪を免じて、従者として召しつかうことにした。

今津における強盗の捕縛を語る記事が、藤原定家の『明月記』にのこされている。建永元年（一二〇六）九月十三日条に、「今夜今津辺において強盗を搦めらる。密々《みつみつ》御船にてご見物なり」、また翌日に「夜部の盗を御覧あり」とあって、後鳥羽院が捕縛の様子を船から見物したうえに、わざわざ強盗本人をまぢかで見ようとしていたことが知られる。この強盗に対して、院が尋常でない関心を寄せていたのはあきらかで、上記の説話の材料となった事件にちがいない。

訴訟用語としての「悪党」

後鳥羽院は発足後しだいに力を増す鎌倉幕府に対抗しつつ、朝廷政治を主導し、京都貴族社会において独裁的な体制を築いた人物である。皇室領荘園の大部分を直接の管下におさめ、院を守護する集団として、従来の「北面の武士」に加えて「西面の武士」を新設して武力の充実につとめた。そしてとうとう兵をあげて幕府を倒そうと試みたのが承久三年（一二二一）の承久の乱である。後鳥羽院の予測では、院が立ち上がったとなれば、全国の武士が雪崩をうって京都に馳せ参じるはずだったのだが、実際には幕府の武士達の結束は固く、惨敗という結果に終わった。院は隠岐に配流となり、延応元年（一二三九）、長い余生の果てに崩御した。

後鳥羽院　『天子摂関御影』
宮内庁三の丸尚蔵館蔵

倒幕には失敗したものの、後鳥羽院はたいそうエネルギッシュな人物で、〝万能の王〟をめざしていたようである。和歌に堪能なのはもちろん、能書で、朝廷儀礼の研究にも積極的であり、天皇や上皇の伝統的役割に関わる分野だけでなく、相撲や水泳など身体能力の鍛錬にも熱心だった。だからこそ「交野八郎」を平伏させるような膂力《りょりょく》の強さを発揮することができたのである。同じく倒幕を企てた治天の君でも、怪しい宗教に走って「異形」を売り物にした後醍醐天皇と比べると、努力していることはまちがいないだけに、後鳥羽院のほうがよほど健全にみえる（結果的には二人とも見通しが甘かったことになるので、健全も不健全もあまり意味はないかもしれないが）。

鎌倉時代初期の「強盗の張本交野八郎」は、後鳥羽院の前に手もなく降参したわけだが、鎌倉時代後期以降の「悪党」の時代になると朝廷の権威は失墜し、ワルモノたちは平気でこれを無視するようになる。荘園内でおこっている紛争に対して、綸旨や院宣（天皇や上皇の意志を伝える文書）によって命令が出されても、「泥土に院宣を踏み入る」「院宣を奪い取りて泥土に投げ捨つ」など、文書の内容に従わないだけでなく、存在そのものを貶める行動がみられるのである。

山陰加春夫《やまかげかずお》氏や近藤成一《しげかず》氏によれば、そもそも「悪党」という呼称は、荘園領主が荘園内の敵対者を自力で排除することができない場合に、公家や武家に訴えるための訴訟用語・手続き用語と理解するべきだという（山陰加春夫「『悪党』に関する基礎的考察」、近藤成一「悪党召し捕りの構造」）。本所一円地といわれる荘園の内部は、原則として荘園領主の独占的な支配圏である。外部からの介入を排除して、荘民を自由に使役していたのは前章でみたとおりである。だが荘内に領主の統制力を超える敵対勢力が侵入してきたとなれば、外部の力を借りないわけにはいかない。そこで幕府の強制力の導入をはかるために案出されたのが、「悪党」召し捕りの仕組みである。

荘園領主は、まず朝廷に「悪党」の乱行を告発する。彼らの悪行を説明し、「武家（幕府）に対して違勅院宣を発行して、悪党を排除する使節の派遣を命じ、秩序を回復してほしい」と申請するのである。これが認められれば、朝政を担当する院（治天の君）から「違勅狼藉があったので、武家に命じて排除させるように」という院宣（違勅院宣）が関東申次《かんとうもうしつぎ》（幕府との連絡役）西園寺氏に宛てて出される（親政時には天皇による違勅綸旨となる）。西園寺氏からは、六波羅探題に院宣の内容を実施するようにという文書が出される。探題はこれを受けて、「悪党」召し捕りの指令を発する。通常は、係争地周辺を本拠とする御家人一名と当該国の守護代一名が一組になって、現地に出向いて「悪党」を捕えるのである。

たいへん煩雑だが、排他的な本所領主権のもとにあり、しかも幕府の管轄からはずれているはずの荘園内に御家人を立ち入らせ、秩序の回復を委託するためには、上記のような面倒な手続きを設定する必要があったのである。朝廷や本所勢力は「違勅狼藉」という言葉を繰り返し強調して武士の介入を促し、そのたびに「勅」の重みが薄れていくことになっても、いっこう意に介さなかった。彼らは荘内の反抗勢力を「勅」に背いて悪行を繰り返す国家的犯罪人として描写し、速やかな制圧を願ったのである。

跳梁する悪党

矢野荘悪党寺田法念

それでは史料上にあらわれた「悪党」の行為はどのようなものだったろうか。彼らのワルモノぶりを見ていくことにしよう。「悪党」を告発する文書が、彼らを国家的犯罪人の鋳型に入れることを目的にしている以上、そこにみえる「悪党」の悪行の内容は一定の基準に沿ったものとなり、互いに似通ってくるのではあるが。

矢野荘周辺　地図制作／ジェイ・マップ

「悪党」事件は鎌倉時代中末期、弘安年間（一二七八〜八八）ごろから、あちこちの荘園で頻発するようになった。なかでも東寺領荘園については史料が豊富に残っており、詳細を知ることができる。とくに有名なのが播磨国矢野荘（現在の兵庫県相生市）の寺田法念（範家）で、悪党研究においてはスター級の人物といってよい。

矢野荘はもともとは皇室領で、例名《れいみょう》と別名《べつみょう》と呼ばれる二つの領域から構成されていた。正安《しょうあん》二年（一三〇〇）に亀山上皇が同荘別名を南禅寺に寄進、一方例名は後宇多上皇に伝領された後、正和二年（一三一三）に東寺に寄進された。寺田法念は例名の公文（もともとは荘園の文書処理など事務的な仕事を担当する役職、転じて現場の経営や年貢徴収などを行う下級の荘官）で、正和三年から翌年にかけて、別名に対して侵略行為を行ったために南禅寺から訴えられた。

正和四年十一月の南禅寺領別名雑掌《ざっしょう》の覚真の中状（『東寺百合文書』ヲ）は、法念が率いる勢力と、その悪行を綿々と訴える。それによれば、彼の勢力は、息子や孫・弟・甥等の一族、近隣の上下揖保《いぼ》荘・坂越荘・小犬丸《こいぬまる》保・那波《なば》浦等の荘園の地頭・荘官とその家人等から構成される。矢野荘をめぐる血縁・地縁を総動員した数百人におよぶ大集団であった。彼らは坂越荘（現在の兵庫県赤穂市坂越）の地頭飽間《あくま》泰継《やすつぐ》の宿所を基地として、南禅寺領矢野荘別名に乗り込んだ。別名内の政所《まんどころ》（経営の中心となる事務所）をはじめ数十棟の民家を焼き払い、人々を攻撃し、数百石の年貢を奪い取ったという。また彼らは城郭を構えて拠点としており、当国他国の悪党を集めて、さまざまな悪事を行っているのは、近隣に知らぬ者がない。寺田法念は「都鄙名誉の悪党、違勅悪行重科人」であり、殺害・放火・刈田狼藉等の悪行はたびたびに及び、院宣を示して誡めても従わず、叡聞をはばからず、武命を恐れず、狼藉を繰り返しているというのである。「名誉」とは現代語では「良い評判」だが、中世には善悪を問わず「名高い」ことを意味する。

寺田氏は文治年間（一一八五〜九〇）に、当時の播磨国守護の梶原景時に認定されて以来の由緒正しい御家人であるという。蒙古襲来の際には、異国警固の任もつとめていた。矢野荘一帯に出自を持つ一族で、一貫して鎌倉幕府の御家人としての地位を保ってきたことはまちがいない。その一方で、一族の勢力を伸ばすために、周辺の有力者と結びつき、他荘に攻め込むなどの悪党的行為を展開していたのである。

瀬戸内海の悪党和泉法眼淵信

別の事例として、瀬戸内海の荘園、高野山金剛峯寺《こんごうぶじ》領の備後国大田荘（現在の広島県世羅郡世羅町）をとりあげよう。第二章で触れたとおり、瀬戸内海は年貢の輸送や国内外における交易の大動脈であり、海は悪党が跳梁跋扈する恰好の舞台となった。

大田荘は平家没官領《もっかん》（もともと平家の所領だったが、治承・寿永の内乱で平家が滅びたために、没収された荘園）で、金剛峯寺の再興をめざした勧進《かんじん》上人鑁阿《ばんな》の尽力によって、後白河院から同寺に寄進された。山間部の荘園だが、年貢等の輸送の便宜をはかるために、荘域から離れた尾道（現在の尾道市）を倉敷地とすることを申請し、認可を受けていた。倉敷地とは、収穫物等を保管する倉庫のための敷地を意味する。普通は荘園の中心部におかれるのだが、大田荘の場合には海路での年貢輸送の積み出し地として、沿岸部の尾道が選ばれたのである。これが港町としての尾道の出発点となる。

大田荘は大田方《かた》と桑原方のふたつの地域に分かれており、それぞれに地頭や預所が配されていた。弘安年間（一二七八～八八）から約二十年にわたって桑原方の預所をつとめたのが和泉法眼淵信である。強烈な個性で、同荘について語る際には、はずせない人物となっている。

淵信は永仁五年（一二九七）に本所である高野山の意向により、大田方の預所をも兼ねることになった。だが大田方の荘官・百姓らはこれに反発し、正安二年（一三〇〇）四月に彼の解任を願う申状を提出している（『高野山文書』）。それによれば淵信の支配は「撫民の儀を存ぜず、庄民に阿党《あだ》をなし、嗷々《ごうごう》の譴責を致し、最小分の未進について数百疋の農牛等を抑え取り、御領を荒廃せしめんと擬《ぎ》す」という許しがたいものであった。荘民を責め立てて搾取するばかりで、このままでは荘園全体が疲弊し荒廃する結果になってしまうと訴えたのである。

申状はさらに、淵信の生活ぶりを批判する。もともと大田荘の預所は、本願上人（鑁阿）の起請文によって、高野山金剛峯寺の浄侶（高潔な僧侶）がつとめることになっているのに、淵信は在家人《ざいけにん》（仏戒を受けた在家の男女）だから預所としての資格がないというのが、荘官・百姓らの大きな主張のひとつだった。淵信は妻帯して家族をもっており、息子を預所の代官（小預所）として現地の経営を行わせていた（百姓たちにしてみれば、この左衛門尉範方という息子が、苛法・非法の張本人である）。淵信が僧侶としての体裁はつくろっているが、修行を積んだわけでもなく、事実上俗人として生活していた、というより、普通の俗人以上に俗にまみれた暮らしぶりであることを、百姓らは念を入れて描写していく。

淵信は年貢を着服して妻子眷属百人あまりを扶養し、着裳《ちゃくも》の女性（正装した女性のこと。〝裳〟は女性の第一礼装で唐衣とともに腰から下に着装する、後ろに長く引くプリーツ状のもの）数十人を召し使い、数十疋の馬を飼っていた。尾道浦を通って出入りする際には、輿《こし》を五、六張も連ね、騎馬の女性数十人・家の子郎等百余騎をともない、さらに二、三〇〇人あまりが前後左右を囲んでつき従うというたいそうな行列を組んでおり、近くに寄っていく者があれば容赦なく打擲蹂躙した。地頭御家人クラスの者の成しうることとはとうてい思えず、一国の守護でもかなわないほどの豪勢な出で立ちである。淵信はすでに八十歳になろうかという老人だが、栄華をきわめ、過差（贅沢）は比類なく、数百貫の銭貨を自国他国の荘園に融資しているという。お迎えも近いであろうに、財宝は蔵に満ちあふれ、在家人であるだけに、未来の子孫の繁栄を約束されていると考え、神仏の御照覧があることを忘れているとしか思えない。

淵信の財力

申状の最後のほうは、在家人である淵信を預所にしておくことは、本願上人のご意向に背くから辞めさせろという主張につながるのだが、非難しているのか、うらやましがっているのかわからない調子になっている。なんにしても淵信の財力は、たいしたものだったらしい。

大田荘の百姓らにとって、淵信の直接の罪科は「数百石の御年貢を犯用した」ことだったが、彼の富裕な生活がその程度のもので賄えるとは思えない。彼は周辺の多くの荘園と金融を通じての緊密な関係を作り上げていたのである。申状の原文では「借上自国他国庄園、其用途彼是不可勝計」と記されている。「借上」は第二章で登場した金融業者を指す語である。ただしこの場合は「借し上げる」という動詞として用いられており、金を融通するという意味で、その金額が「勝計すべからず」、つまり、とても数えきれないぐらい莫大だったのである。

他の史料には淵信の「請処在所」として、伊予・長門・備後・出雲国内の四カ所の荘園が挙げられている。各荘園との関係は、交通の要衝である尾道浦を拠点として、尾道浦桑原方公文や梶《かん》取《どり》（船頭・船長。一船の長として船の梶をとって航行させる者）、船の所有者、百姓など、大田荘や尾道の関係者を使って保たれていたらしい（正安二年六月二十九日　備後大田荘嘉禎検注目録『高野山文書』）。淵信自身は、他の荘園を知行している事実などない、知人がいるので連絡を取り合っただけだなどと、請所の事実を否定している（正安二年七月一日　備後大田荘雑掌陳状案『高野山文書』）。「請所」とは所領の経営を請け負うことで、契約で定めた金額を領主に支払いさえすれば、現地において自由に経営を行い、利益を手にすることができる。さきの「借上自国他国庄園」とは、まさにこのような請所を各地で経営し、利益をあげていることをさすと考えられる。各荘園に資金をつぎこみ、そこからあがる年貢や特産品を交易して利益を上げていたのだろう。尾道は非常に有効な拠点であり、船主や船乗り、商人など人材もそろっていたと思われる。資金力があるだけに、各地の相場（和市《わし》）を勘案して、安値で買って高値で売るようなことも行われていたにちがいない。

淵信のような人物は請負代官と呼ばれる。代官への任命と引き換えの任料や、収穫に先立つ前納金など、領主と契約した金額を銭貨で納めてしまえば、荘園の生産物は自由な商品となる。土地と荘民からより多くの商品を獲得し、これをできるだけ良い条件で売却・運用して資産を増やしていくのである。各地に淵信のような人々があらわれることで、地方の富が商品化されて広範に流通し、利益を生む道筋がつけられていったと考えられる。

浄土寺の再興

荘内で排斥を受けた淵信が、その後どうなったかについて明証はないが、正安三年（一三〇一）の文書には大田荘桑原方雑掌として別人の名前が挙げられているので（正安三年六月二十一日　太田貞宗所務和与引付頭人以下注文『高野山文書』）、ほどなく解任されてしまったのだろう。正安二年の段階で八十歳近い高齢だといわれていたわけだが、嘉元四年（一三〇六）の彼の寄進状が残っており、尾道の浄土寺に、浄土寺曼荼羅堂別当職および同別所分山地・浜在家《ざいけ》を寄進したことがわかっている（嘉元四年十月六日　淵信寄進状『備後浄土寺文書』）。

浄土寺は、国宝の本堂と多宝塔、その他多くの文化財で著名な名刹である。聖徳太子創建と伝えられるが、その後寺勢が衰えていたのを、奈良西大寺《さいだいじ》の定証《じょうしょう》が再興した。伽藍の全容と再興にいたる経緯を記した「備後国尾道浦堂崎浄土寺大乗律院建立のこと」と題する定証の起請文によれば、彼は永仁六年（一二九八）、西国に布教に赴いた際に同寺の曼荼羅堂に逗留し、浄土寺の再興を発願した。尾道浦の人々の結縁によって伽藍を整備し、嘉元四年に西大寺長老信空以下僧衆六十余人を招請して盛大な法要を営む運びとなった（嘉元四年十月十八日　定証起請文『備後浄土寺文書』）。本堂・五重塔・多宝塔・地蔵堂等、主要な堂塔は尾道在住の光阿弥陀仏《こうあみだぶつ》という人物の支援によって造営されたという。また起請文の末尾には結縁衆として淵信と息子範方の名が見えている。これらの建物は正中《しょうちゅう》二年（一三二五）にすべて焼失してしまったのだが、尾道浦の道蓮・道性夫妻が大願主となって、ほどなく再建されたという。国宝の本堂や多宝塔はこのときの建造にかかるものである。

おそらく淵信は尾道を管理・支配する拠点のひとつとして、同地の古刹である浄土寺の曼荼羅堂という場を設定しており、その維持費に充てるために周囲の土地や在家（家屋と付属する耕地を一体のものとしてとらえ、課税の対象としたもの）を所有していたのだろう。長年関わった大田荘を追われ、西大寺系律宗寺院となった浄土寺に新たな拠りどころを見出そうとしたと考えられる。尾道という港湾都市に貯えられた活力が、堂塔の造営や、奈良から僧侶を招いての法要などの大事業を可能にしたのであり、光阿弥陀仏や道蓮・道性など、多くの富裕な住人が育っていたことがうかがわれる。

尾道の繁栄と長井貞重

結局淵信は「悪党」として幕府に訴えられることはなかった。現地の百姓や荘官たちからはおおいに非難されたものの、本所である高野山にとっては、武士の介入を必要とするほどの大問題とは判断されなかったのである。淵信は預所に任じられる以前から、通算して五十年ほども大田荘の支配に関係しており、京都の六波羅探題や鎌倉の幕府において、本所高野山の代理人として地頭とのあいだの裁判を闘い、勝訴を勝ち取るなどの功績があった。本所にとっては必ずしも悪人ではなく、むしろ有用な人材だったのである。

「悪党」とは前述のとおり、幕府に訴える際の手続き用語としての性格を持っているので、その描写は画一的になりがちである。「悪党召し捕り」の手続きにのらない、百姓対悪党の攻防のほうが、それぞれの荘園のローカルな事情や悪党の個性を語っていて、実像に近いと思われる。淵信の場合は、大田荘や尾道から搾取したものを元手に財産を増やしていったわけだが、一方で彼は、それらの地域に潜在する力を掘り起し、商品化するモデルを作ったといえる。彼や彼の一族は退いたが、彼らが用意した富の舞台は、別の登場人物を引き寄せずにはおかなかった。

元応《げんおう》二年（一三二〇）八月、高野山金剛峯寺衆徒は備後国守護長井貞重の代官円清《えんせい》と、その息子高致《たかむね》を追捕するよう朝廷に訴えた（金剛峯寺衆徒等解状『金剛峯寺文書』）。悪党召し捕りの手続きの開始である。その主張によれば、円清・高致父子は大田荘倉敷地の尾道浦に乱入し、同荘の経営に多大の損害を与えた。この件については、すでに朝廷に奏聞し、六波羅探題宛ての院宣を獲得しているのだが、六波羅の奉行人（事務官僚）飯尾《いのお》為連《ためつら》が貞重と結託しており、院宣を手許にとどめて、担当の奉行人に送ろうとしなかったため、手続きが何カ月も滞ってしまった。そこで今度こそ悪党らを捕えて、貞重は遠島にし、円清は断罪してほしいというのである。

貞重一派の悪行についての具体的な陳述をみていこう。尾道は船津として非常に繁栄しており、守護貞重はしきりに侵入の機をうかがっていた。ついに元応元年十二月、円清・高致が数百人の悪党を率いて尾道に討ち入り、刃傷・殺害・放火を行うにいたった。大田荘の預所代官らの荘官を殺害・拉致するなど、山賊海賊、強盗窃盗《せっとう》等の重罪を超える古今未聞の乱悪、天下無双の狼藉である。高野山側は彼らの罪状として次の五点をあげる。①守護不入の地に乱入して狼藉を行ったこと、②寺社数カ所・民家千軒あまりを焼き払ったこと、③大船数十艘に積み込んであった年貢等の物資を運び去ったこと、④守護でありながら刃傷等の大悪行をはたらいたこと、⑤尾道浦の「名誉悪党」と名指して、罪もない荘官や下部《しもべ》たちを拉致したこと。

注目すべきは、守護貞重の側の人々もまた「悪党追捕」を名目になだれ込んできたという点であろう。守護の警察権を行使して悪名高い悪党を捕え、秩序を回復するというのが、守護側の言い分だったのである。本当のところどちらがよりワルモノなのかわからないが、高野山も守護も、互いに相手を「悪党」と糾弾し、攻撃しあっていた。当時尾道を中心とする地域には「西国名誉海賊」とうたわれる多くの人々が活動しており、たがいに覇を競っていた。彼らはそれぞれが数百人規模の集団を成す悪党だったと考えられるが、その競合の中に、守護も参画していたのである。御家人が悪党として活動しているのは、すでに矢野荘の寺田法念の例で見たところだが、さらに上位の守護権力が登場するとなれば、競合や衝突を超えた、連携や組織化をも視野に入れていた可能性があろう。

高野山から「悪党」と糾弾された備後国守護長井貞重の一族は、源頼朝に仕えた京下り官人大江広元の子孫の一流である。長井氏は六波羅評定衆の筆頭格であり、洛中の秩序を守り、貴族社会や寺社勢力との調整にあたっていた。そのかたわら摂関家近衛家の所領である摂津国垂水牧の年預を三代にわたってつとめ、同家と主従関係を結んでもいた。複雑な政治課題をあつかう一方で（貞重の父頼重は、興福寺の強訴等に対処する過程で、二度も配流の憂き目にあっている）、自家への利益誘導も怠らなかったのだろう。悪党をめぐるローカルな利害関係が、守護や幕府要人につながり、六波羅探題での事務処理に影響し、そのさきでは得宗北条氏による交通路の組織化や、財政基盤の確保に連動していったのである。

富・力・自由

悪党と有徳人

第三章で『徒然草』の大福長者について述べた際に、財産を増やすことが「徳を付く」と表現されたことについて触れた。これを敷衍すれば、淵信もおおいに「徳を付け」ていたのだから、悪党ではなく「有徳人」と呼ぶこともできるのではないだろうか。

「悪党」像の裏返しともいえる、徳のある富裕者としては、得宗被官の安東蓮聖《あんどうれんしょう》（延応元〈一二三九〉～嘉暦四〈一三二九〉年）を代表としてあげることができる。彼は得宗北条氏に仕え、摂津国多田院の惣奉行、摂津国守護代、得宗領豊後国佐賀郷（現在の大分市大字佐賀関）の給主などをつとめた。また摂津や和泉の皇室領の荘園経営にも関わっていた。豊かな財力を背景に、荒廃していた摂津国久米田寺（現在の大阪府岸和田市所在）の再興を発願し、奈良西大寺叡尊の高弟行《ぎょう》円房《えんぼう》顕尊を中興開山に請じ、華厳教学や南都戒律の中心的道場に発展させた。一方で手広く金融業を行い、年貢運送などの物流に関与し、播磨国福泊《ふくどまり》（現在の兵庫県姫路市的形町福泊）の整備を行った。『峯相記《みねあいき》』によれば、彼は乾元《けんげん》元年（一三〇二）に大石を積み、数百貫の経費を投入して海岸から二町あまり沖に島を築いた。この工事によって福泊は兵庫嶋にも劣らぬ良港となり、「富貴商買ノ輩多ク家ヲ造リ、上下往来ノ船此泊ニ付ク」という活況を呈したという。ただ実際には、久米田寺長老となった行円が、これより早く勧進《かんじん》を実施しており、福泊を利用する船から津料（港の出入りに課される税）を徴収して築造をすすめていた。蓮聖の事業は、行円と連携してのものだったと考えられる。

蓮聖の活動は得宗の専制的権力に経済基盤を提供した。多くの所領の経営や交通路の整備によって、貨幣経済の進展の流れに主体的に参加し、動かしていくことをめざしていたといえよう。西大寺系律宗との連携は、得宗の経済活動の戦略とみなされるものである。

ひるがえって尾道の状況を考えてみよう。浄土寺もまた西大寺の僧によって再興された。この事業において淵信は曼荼羅堂と付属する所領を寄進し、積極的に協力した功労者、信仰にあつい大旦那にほかならない。そのほかにも堂塔の造営者の光阿弥陀仏や、焼失後の復興を援けた道蓮・道性夫妻など、同寺を支援し、信心をささげたのは尾道の富裕な人々だった。浄土寺に関する限り、彼らはまさに「有徳人」である。だが別の見かたをすればどうなのか。彼らが「名誉悪党」「名誉海賊」として糾弾されていた可能性は十分にあるだろう。悪と徳とは表裏をなしており、何が悪で、誰が徳（得？）なのか断定することはできない。善悪を問わず破格の活力をわがものとし、自ら状況を動かし得た人々――「金は天下のまわりもの」だとしたら、自由自在にそれをまわすことのできた者こそが、悪党であり有徳人だったといえよう。

一括請負と料所《りょうしょ》

悪党の出現は弘安年間（一二七八〜八八）ごろからとさきに述べたが、同じころに荘園・公領の経営や公家・武家の経費調達の方法に変化が見えるようになる。ひとことで言えば〝すべてが銭に換算される〟という現象である。前章で建長元年（一二四九）に焼失した閑院内裏の造営への千葉氏の参加について触れた。同氏は内裏の西の対屋の建設を命じられ、担当として派遣された庶子家の代官は、京都側監督者の了行の怒りを怖れながら作業を行っていた。大工や資材の手配に汲々としている様子なども、中山法華経寺所蔵の日蓮の紙背文書にあらわれている。

それから四半世紀後、建治元年（一二七五）には六条八幡宮の造営が行われた。幕府の手厚い保護を受けていた源義家ゆかりの神社で、やはり全国の御家人に賦課が課された。この配分の一覧が「六条八幡宮造営注文」として残されている（永和元年〈一三七五〉八月六日『田中穣氏旧蔵典籍古文書』）。全部で四六九人の御家人が国別に書きあげられ、もっとも大部な御家人交名《きょうみょう》（名簿）として著名な史料である。閑院内裏の時には清涼殿・西対・東棟門等の造営箇所と担当者の一覧が作成されたのだが（『吾妻鏡』建長二年三月一日条）、こちらは御家人名と負担金額のみのリストとなっている。多くの御家人が集って、ともに公事を支えるという協力と共感の図式は放棄され、所領規模や格式に応じて金を出せばいいという、合理的ではあるが、いささか味気ない方式への変化がみられるのである。

朝廷の公事経費の調達も、このような方式に移行していた。文永元年（一二六四）の日吉大社の神輿造替にあたっては、右馬権頭《うまのごんのかみ》平敦朝が三河国（現在の愛知県東部）の知行権を与えられ、「一任用途」として三七〇〇貫（約三億七〇〇〇万円）を一括進納した（『公衡公記《きんひらこうき》』）。国司の任期は四年間なので、その期間の経営を丸ごと請け負う代わりに巨額の前納金を納めるのである。朝廷の威光が衰えたとはいっても、荘園公領制の枠組みじたいを覆そうとする動きがあるわけではないので、経営の見通しさえたっていれば、知行国は大きな利益を生み出す。一年あたり二、三〇〇〇貫の収入はあるはずだから、かなりの利益をあげることができただろう。敦朝は後嵯峨院の上北面（北面に伺候する侍のなかでも上位の者。四、五位の位階を持ち、殿上を許されることも多かった）で、『駿牛絵詞《すんぎゅうえことば》』によれば、筑紫や越前産の名牛を調達して、院や女院に献上していたという。貴族社会の中に生まれた有徳人とでもいうべき人物と思われる。三七〇〇貫の調達には、自己資金だけでなく、神輿造替の当事者である延暦寺も、金融センターとして関わっていた可能性がある。敦朝は広範囲にわたって経営能力を発揮し、資金力や信用を築いていたのだろう。

ここまで金額が大きい例は珍しいが、造営等の臨時経費、あるいは毎月の祈禱のような定期的な費用を得るために、特定の所領を請負に出し、「公用」として一定額を献納させることが一般化していったようである。請け負うのは多くの場合「山僧」「南都の仁」等、金融請負のプロであった。

一方、幕府では同様の傾向が問題として取り沙汰されていた。徳治三年(一三〇八)の『平政《たいらのまさ》連諫草《つらかんそう》』は、幕府の吏僚である平政連が、ときの得宗北条貞時に対して、上層部の奢侈や腐敗、御家人の窮乏などを訴え、いさめようとして作成した意見状である。そのなかで政連は、御家人が所領を売却したり、「料所」としたりすることに危惧を示している。料所とは「所帯を家人に給せず、富裕の輩に預け与えて銭貨を充て取る等の儀」で、所領を自力で経営せず、「富裕の輩」に一任して、定額の請負料のみを受け取る仕組みである。「富裕の輩」とは、資金力・経営力のある金融業者であろう。所領を売り払って「無足の御家人」に落魄するよりは、料所化をはかるほうがずっとましで、貨幣経済の発展への適応ともいえる。だが所領経営を放棄することは、御家人層の発展や成長の可能性を閉ざすことはまちがいない。所領の売却・料所化は、御家人制そのもののいきづまりを招き、鎌倉幕府の滅亡を準備したのである。

悪党とはなにか

「悪党」、あるいは有徳人は、幕府崩壊への兆しがあらわれた時代にどのような意味をもったのだろうか。前章では、千葉氏の所領経営や財務の状況をとりあげ、支配と被支配の連鎖、暴力と恐怖の関係、はてしなく細分化され転嫁される債権について分析した。

このような連鎖がおこる根本の原因は、公家・武家両政権の財政構造が、資金の蓄積をほとんど意図しておらず、必要に応じて調達するのみだったためと考えられる。これが可能だったのは、彼らが依存する荘園公領制という枠組みが中世を通じて動かなかったからで、荘園や公領、知行国等を支配する地位（上位の職）を握っている限り、先細りの傾向はあるにせよ、資金の調達はどうにかまにあっていたのである。要するに中世の政権は、資産はあるが資金が乏しい状態で、必要が生じる都度に、より下位の者に調達を請け負わせた。資金調達は場当たり的に下位者に押し付けられ、政権の弱体化につれて、請負はさらに下位の者に及び、調達の質も低下していったのである。

このような状況のなかで、資金と実力を蓄えた悪党の出現は、上から下への連鎖を断ち切り、連鎖の方向を変える意義を持ったのではないだろうか。悪党や有徳人は、上級領主に対して必要な資金を確実に提供する。下への連鎖はそこで下げ止まることになろう。悪党の位置は富の結節点となり、そこに多くの力が結集される。史料上で彼らの存在があきらかになるのは、荘園領主や百姓から反発され、訴えられている場合が多く、ひどく疎まれていたように見える。だが実際には、上からも下からも結集すべき場所を求める動きは多かったはずである。そこには明らかに資金があり、力があり、ということは自由があるからだ。しかもそれは従来の弱い者を苛み、駆使する自由ではなく、みずから判断し、選択する自由である。

この自由のもとで商業や物流、貨幣経済が発達したことはこれまでにも言及されているが、さらに、在地の状況や農業の生産性が好転・向上した可能性も考えられるのではないだろうか。その意味では、悪党たちはあきらかに時代を動かす力を持っていたといえよう。

従来は資金の集積点といえば、山僧・借上等の金融業者だったわけだが、悪党が彼らと異なるのは、金融だけでなく、地域の生産や物流に密着した、より包括的な性格を持っていた点であろう。大田荘の淵信は、荘園領主の訴訟を代行することからはじめて、信頼を獲得していった。一般の荘園支配においては、経営を担当する荘郷雑掌と、訴訟を担当する沙汰雑掌は別人が担当するのだが、彼は両方の仕事をこなすことができた。資金力と事務処理能力、荘園経営と物流や商業、さらに武力を兼ね備えた悪党は、何よりも名前を持ち、顔が見える存在である。「悪党」の告発にあたっては、申状のなかでそれぞれの名前や出自が記されたり、「悪党交名」という名簿が作成されたりする。彼らは単に徒党を組んだワルモノではなく、ひとりひとりが強烈な個性と人格を持った存在だったのである。

過差と逸脱

悪党三人組　『融通念仏縁起絵巻』　清涼寺蔵
写真提供・京都国立博物館

「悪党」について語る際に、必ずとりあげられる画像と史料がある。『融通念仏縁起絵巻』に描かれた異様な服装の人々と、『峯相記』である。『峯相記』は貞和《じょうわ》四年（一三四八）に播磨国の峯相山鶏足寺《けいそくじ》を訪れた旅の僧が、往時に詳しい同寺の老僧からさまざまな話を聞くという趣向で、同国所在の寺院の縁起、郡郷の様子などを記している。鶏足寺は現在の兵庫県姫路市にあった寺院だが、『峯相記』の段階で既に衰えており、のちに豊臣秀吉によって焼き討ちされて廃寺となった。

さて『峯相記』のなかでは、旅の僧が「諸国同事と申しながら、当国はことに悪党蜂起の聞こえ候。何のころより張行候けるやらむ」と尋ねたのに応えて、老僧が悪党について次のように語る。彼らは正安・乾元年間（一二九九～一三〇三）から、あちこちで悪行をはたらき、目にあまるようになってきた。異類異形の人倫にもとるようないでたちで、柿色の帷《かたびら》に六方笠をかぶり、人目に立たないように行動する。柄鞘《つかざや》の塗りのはげた太刀をつけ、棒杖を持つだけで、鎧腹巻等は身につけていない。このような者たちが十人、二十人と集まって城に籠り、あるいは城攻めの寄せ手となり、時には敵を城に引き入れる裏切りを行ったりする。特定の集団への忠誠心はみられず、博打を好み、コソ泥をはたらく。元応元年（一三一九）に、幕府が山陽・南海の各国に使者を派遣して悪党をとりしまった。播磨国においては、城郭二十余カ所を焼き払い、五十一人の悪党の名を注進した。いったんは沈静化したように見えたが、正中・嘉暦年間（一三二四～二九）には、悪党の張行はさらに大がかりになって復活した。立派な馬に乗って五十騎、百騎と列を成し、金銀をちりばめた兵具をつけ、鎧腹巻は照り輝くばかりである。あちこちの所領を横領し、徒党を組んで城を構え、勢力を拡大している。多くは但馬《たじま》・丹波・因幡・伯耆《ほうき》等周辺の国々から集まった者たちである。

播磨国の悪党が、短い間に、統制のとれていないごろつきの集まりから、武具・馬具を充実させ、組織的に横領や戦闘を行う集団に変化（成長？）していったことがわかる。『融通念仏縁起絵巻』にみえるのは、前者の段階の非人のような格好をした人々だろう。「城郭を構える」という類の表現は、前出の矢野荘の寺田法念についても用いられていたが、悪党の行為としてしばしば登場するものである。この段階の「城」は、防禦や攻撃の拠点となる柵や塀・矢倉のような構築物にすぎない。だが、戦国時代におなじみとなる「城」をめぐる攻防という戦闘方式の原型は、悪党の時代にあらわれたのである。

戦乱の時代へ

後醍醐天皇は正中の変・元弘《げんこう》の変という二度の失敗を経て、元弘三年（一三三三）ついに鎌倉幕府の倒滅を達成した。だが、わずか三年で足利尊氏によって吉野に追われ、その後は明徳三年（一三九二）の南北朝合一まで、全国を舞台とした戦闘と混乱の時代が続く。しかも合一後も後南朝と呼ばれる南朝皇統の末裔が、政局が不安定になるたびにあらわれ、政権が分裂し、朝廷や幕府の権威が相対化した状況は回復されなかった。

網野善彦氏は、先例をかえりみず「朕が新儀は未来の先例たるべし」と言い切った後醍醐の政権を「異形の王権」と呼び、彼の戦いが悪党的な武士によって支えられていたと論じた。この後醍醐の言葉には、革新と復古との独善的な混淆がみられ、彼の政治方針が古い皮袋に新しい酒を盛るようなものだったことに通じている。

元弘の変の失敗で配流されていた隠岐島を脱出した後醍醐を、伯耆国船上山《せんじょうさん》（現在の鳥取県東伯郡琴浦町）に迎えた名和長年は、同国名和湊を本拠とする「さして名のある武士にては候はねども、家富み、一族広くして、心がさある者」だった（「心嵩ある」は思慮深い・器量があるの意）。彼は後醍醐のために船に兵糧米を積み込もうとして、「わが蔵にある米穀を一荷はこぶごとに、銭五〇〇文をとらせよう」と呼ばわって五、六〇〇〇人の人夫を集め、五〇〇〇石を運ばせたという。海運に通じ、港近くの蔵に米穀を蓄積し、銭を報酬として人を集めるというやり方は、彼が貨幣経済に親しみ、悪党に通じる性格を持っていたことをうかがわせる。

それより少し前には、楠木正成の有名な赤坂城・千早城の戦いがある。山中に城を構えて籠城し、襲ってくる幕府軍に対し、大石を投げ下ろし、矢を射掛ける。幕府軍が京都から番匠（大工等の技術者）を呼んで、梯子を作らせ、城内に侵入しようとすると、油を流し、松明を投げて火責めにする。幕府方の兵士は、猛火に巻き込まれ、谷底に落ちて敗退したという（『太平記』巻三、巻七）。

名和長年・楠木正成が、それぞれ海の悪党・山の悪党としての特徴をそなえているのはあきらかだろう。とくに後者のような山中での攻城戦は、このころにはじめてあらわれた戦闘形式である。弓矢を持った騎馬武者が、名乗りあって一騎打ちをする従来の戦い方とはまったく異なる。これも城郭を構えて、手段を選ばず敵を倒そうとする悪党のやり方に由来するものと考えられよう（千早城合戦で、幕府が番匠を呼んで工作を行わせたのも、悪党対策で似たような前例があったのかもしれない）。

さらに悪党の非人のような服装、あるいは異様に贅沢ないでたちなどは、婆娑羅《ばさら》といわれる風俗につながっていく。既成の秩序や権威にあからさまに反抗し、否定する婆娑羅の精神は、「都に王といふ人のましまして、若干の所領をふさげ、内裏・院の御所といふ所のありて、馬より下りる難しさよ。もし王の無くて叶ふまじき道理あらば、木を以て造るか、金を以て鋳るかして、生きたる院・国王をば何方へも皆流し捨て奉らばや」（『太平記』巻二十六）と言い放った高師直《こうのもろなお》の言葉に最もよくあらわれている。

悪党は確かに、鎌倉幕府を滅ぼし、次の時代を開く力となった。だが開いた扉は、さらなる分裂と戦争・混乱に通じていた。彼らのエネルギーは戦乱によって蕩尽され、婆娑羅という逸脱の風俗・行動原理に解消されたのである。建武新政の世相を揶揄した『二条河原落書』は、秩序が崩壊し、善悪が混乱した状態を「自由狼藉の世界なり」とうたう。「自由」はあいかわらずネガティブな概念でしかなく、安易に天皇の挙兵に与することも、無神経に天皇の権威を否定することとも、いずれも真の「自由」からは遠かったのである。

第六章　蕩尽から再生産へ——室町時代

収奪から贈答へ

実力主義の限界

悪党や婆娑羅の代表ともいえる高師直（?〜観応《かんのう》二〈一三五二〉年）は、「王を流し捨てよ」と言い放ったが、『太平記』にはほかにも次のような言動が記されている。配下の武士が、恩賞として拝領した土地が狭小だとこぼしたのに対し、「小さい所領だからといってなにを嘆くことがあるか。まわりに寺社や貴族の所領があるだろう。境界を越えて知行してしまえ」と応じ、罪科によって所領を没収されてしまったと訴えるのを聞いて、「よしよし、見ないふりをしていてやるから、そんな判決にはかまわず知行を続けろ」と述べたというのである。たいそう乱暴だが、実力や武力が優先する当時の荒れた世相をよくあらわしている。師直に代表される新興の勢力、すなわち惣領に抑圧されていた庶子たちや零細な武士団は、道理や法に従っていたら、いつまでも浮上することができない。彼らにとって文永〜弘安年間（一二六四〜八八）の蒙古襲来は、あらたな地位や所領を獲得するための、またとない契機だった。そして再びめぐってきた逆転のチャンスが、鎌倉幕府崩壊から南北朝動乱にかけての混乱と戦争の日々だったのである。しかも蒙古襲来が海外からの侵略に対する防衛戦で、敵を駆逐しても占領地が発生しなかったのに対し、今回は戦闘に勝てば相手の所領を没収することができる。そのうえ彼らは戦闘のための兵糧の確保を名目として、寺社本所領にまで侵略の手を伸ばしていた。

だが、あらたに京都に開かれた室町幕府にとって、荘園公領制の枠組みじたいを変える新しい土地制度・生産体制を創出しないまま、むやみに実力主義を唱えることは、社会の基層を成す秩序の混乱を倍加させ、自分で自分の頸を絞める結果を招きかねなかった。高師直と対立したのは、初期室町幕府の二頭体制のなかで、公正な統治を推進する立場にあった足利直義《ただよし》（徳治元〈一三〇六〉～観応三〈一三五二〉年）である。兄の将軍足利尊氏が御家人を統制して主従制を維持する役割を担ったのに対し、弟の直義はおもに裁判を担当し、幕府の支配領域に道理と秩序を実現することをめざした。荘園支配をめぐっては、貴族や寺社等の旧来の本所勢力と武士との争いが頻発しており、直義のもとでの裁判はしばしば武士に不利な判決を下している。証拠文書を検討し、領有の法的正当性を問うのだから、武力で侵略を行う武士が敗訴するのは当然ともいえる。幕府は秩序を回復するために、幕府を支えて戦う武士たちを冷遇するという、矛盾した裁定を行っていたのである。師直と直義が体現するふたつの方向に引き裂かれた矛盾は、やがて観応の擾乱《じょうらん》（観応元〈一三五〇〉～文和元〈一三五二〉年）と呼ばれた幕府内部での抗争となった。尊氏・師直と直義の対立に、南朝勢力をもまきこんで拡大したあげく、師直・直義は横死し、二つに分かれていた権力が将軍のもとに一元化される形で決着した。

室町幕府は複雑な内乱状況を戦い抜き、明徳三年（一三九二）には南朝との講和（実際には南朝からの神器の奪還）を実現、三代将軍義満（延文三〈一三五八〉～応永十五〈一四〇八〉年）の時代を迎えて、ひととおりの安定をみるにいたった。義満は朝廷においても高い官位を得て太政大臣にまで昇り、儀礼に参加し、和歌・管弦などの文化面でも主導的な位置を獲得した。公武に君臨する彼の権勢を、皇位の簒奪まで視野に入れていたのではないかとして、非常に高く見積もる見解もあるが、すでに劣化した天皇や朝廷の権威と比較すればそのように見えるというにすぎない。もはや公武が覇権を競っている場合ではなかった。

室町幕府は京都という舞台を朝廷と分け合う選択をしたわけだが、朝廷の権威や政治力が後退していただけでなく、幕府や将軍のそれももはや全国支配を全うするためには不足であった。過去をふりかえれば、平清盛は京都から福原に拠点を移そうとして失敗し、源頼朝は鎌倉に居を据えて京都とはできるだけ距離を取ろうとした。いずれも都市京都と、そこで維持されてきた公家政権の老獪さに抗することが難しかったためであろう。義満による室町幕府の体制は、公家政権が律令制以来維持してきた全国統治の理念を利用しながら、各地方に形成されつつある地域勢力との外交関係において優位な立場を確保して、政権の安定を図るものであった。詳細については拙著『将軍権力の発見』で論じたので参照されたい。

寄合《よりあい》の論理

室町幕府体制を理解するためのキーワードは「外交」だと考えるが、この時代の文化や社会規範について考える際に注目すべき概念は「寄合」であろう。そこで建武新政時の既成の秩序がくつがえった状況を揶揄した『二条河原落書』をみてみよう。建武元年（一三三四）に鴨川の河原にかかげられたとされるもので、調子の良い七五調で書きあげた滑稽な世相を、都の洒落者である京童が笑いとばす趣向である。「このごろ都にはやるもの」と書き出して、武家と公家、身分の上下、都と田舎の別などが混乱し、慣れない服装に身をつつんで、傍若無人にふるまったり、野暮ったく右往左往する人々を描き出すなかに、「京・鎌倉をこき混ぜて、一座そろわぬ似非《えせ》連歌、在々所々の歌連歌、点者にならぬ人ぞなき、譜第非成の差別なく、自由狼藉の世界なり」「茶香十炷《ちゃこうじっしゅ》の寄合も、鎌倉釣にありしかど、都はいとど倍増す」という節がみえる。京都・鎌倉等の出身を問わず、雑多な人々が寄り集まって連歌の会を催し、ろくに歌の知識がない者までも点者（歌の出来栄えを判定する役）をつとめている、また「十種茶」「十種（炷）香」（十種類の茶や香を出して、参加者にその銘柄をあてさせる遊び）の遊宴も、たいへん盛んに行われているというのである。「譜第非成の差別なく、自由狼藉の世界なり」の部分は、「似非連歌」だけではなく、その前に記された多くの混乱の事例をまとめて受けているのだが、身分や学識等にこだわらず、愛好の士を集めてありあわせで行われる連歌会（草野球ならぬ草連歌？）も、「自由狼藉」として非難の対象になっていることは注目に値しよう。

室町幕府が建武三年（一三三六）に発した法令である「建武式目」にも、「群飲佚遊《ぐんいんいつゆう》を制せらるべきこと」という一項が立てられ、好色や博打に耽ることのほかに、茶寄合・連歌会を催して勝敗についての賭けを行うことが禁止されている。連歌や茶を楽しむだけでなく、これを賭けごとにするのであれば、参加者の熱中の度合いは高まり、さらに雑多な人々が集まってきたことだろう。身分や立場を忘れて、いろいろな人々が同席するという意味では、倒幕を計画していた後醍醐天皇の下で「無礼講」と称される宴会が開かれたこと、また鎌倉幕府最後の得宗で田楽を好んだ北条高時が興に入って舞っていると、いつのまにか異類異形の妖怪らが加わっていたなどのエピソードが想起される。時代の転換の渦中で、従来の身分秩序を超えた交流の機会が出てきていたことは確かだった。初期の段階では秩序の攪乱・過剰な行為として禁止の対象となったが、このような「寄合」の成熟は、政治や社会の安定の基盤となる共感・合意を生みだし、やがて新しい文化の創出にいたる。本章では文化的価値を付与される「モノ」をめぐる構造の変化に注目することによって、蕩尽と過剰の時代から、管理と蓄積・継承の体制への移行を考えてみたい。

妖怪と舞う北条高時　『太平記絵巻』
写真提供・埼玉県立歴史と民俗の博物館

贈与依存型財政

室町幕府財政を語る際には「贈与」という行為が非常に大きな意味を持つ。中世の政権の経済基盤を「財政」という国家概念とむすびついた用語で語るのが適当か否かが、すでに問題なのだが、少なくとも室町幕府の「財政」は、政権としての存在感が薄れる中で、ミニマムで効率的な仕組みを実現したといってよかろう。その仕組みとは、中世人の生活慣行ともいうべき贈与・贈答を幕府財政と連携させ、財源として利用することだった。注目すべきは、室町幕府ができるだけ多くの銭貨や品物の贈与を受けることをめざしたのではなく、最小限の金やモノで、より大きな効果を生み出す方法を模索した点である。

だいぶ簡略化されたものの、今日の私達にとっても、社会人である以上は贈答をまったく避けて通るわけにはいかない。お中元・お歳暮、冠婚葬祭の引出物、御祝儀やお香典にいたるまで、どんな品物を選ぶか、いくら包むかは大きな問題である。モノをもらえば何かしらお返しをしなければならず、それもまた気が重い。

いろいろ考えて贈っても、必ずしも有効活用されるとは限らず、贈答は多くの無駄を生む一面を持つ。気に入らなかったり、生活様式にあわなかったりして使いみちのないいただきものが、どこの家でも戸棚の奥にしまわれているだろう。バザーにでも出せれば良いが、たいていは死蔵するしかない。「ご自宅用」にはけっして買わないような、見映えばかり良くて値段の高い品物が「贈答用」に特化して店頭に鎮座しているのも、不思議といえば不思議だ。

贈答にまつわるさまざまな無駄を最小化して、政権にとってできるだけ多くの利益があがるような仕組みを実現したのが、十五世紀の室町幕府である。以下、桜井英治氏の研究に依拠して、この仕組みを概観しよう。氏によれば「十五世紀の室町幕府は急速に贈与への経済的依存を強め」「財源のほとんどを贈与システムに依存した、きわめて特異な権力体だった」(「日本中世の贈与について」)。贈答品は換金され、他家への贈り物に流用され、まわりまわって自分のところに戻ってくることさえあった。また現物ではなく「馬代」「太刀代」のように代銭《だいせん》が贈られる場合も多く、さらには「折紙《おりがみ》」と呼ばれる、贈与の金額を書いた目録のみを贈り、あとで現金を精算することも一般化した。贈る側にとっては手持ちの現金がなくても贈与を行える点が利点だが、受け取り手が現金を回収しようとすると、容易ではないことも珍しくなかった。幕府は折紙方《おりがみかた》という担当奉行を定めて対応したが、折紙銭の濫発・延滞・踏み倒しが横行したという。

さらに幕府の大口の財源となったのは、将軍が五山禅院等を訪問（御成《おなり》）した際に、寺家から献上される引出物（献物）である。「寺家御成引物」「寺院進物」などと呼ばれ、将軍はこれらをいったん受け取るが、すぐに修理を必要としている別の寺院に寄付する。将軍はもらった物を右から左に流すだけなのだが、見かけ上は気前よく修理料を寄付したことになる（寺院の帳簿上でもそのように処理される）。さらに献物の内容は品目・数量ともにだいたい決まっており、換金する際の相場もほとんど確定していた。要するに寺院への御成は、一回で得られる収入が予測できる確実な集金活動で、八代将軍義政（永享《えいきょう》八〈一四三六〉～延徳二〈一四九〇〉年、在位は文安六〈一四四九〉～文明五〈一四七三〉年）は毎日のように寺院へ足を運び、幕府財政の充実につとめたのである。

幕府は「売物《うりもの》」という将軍の美術品コレクションの放出も行った。おもに将軍家の仏事のための費用や、寺院の修理料に充てられたようだが、寺院に必要経費分の品物（鎧・太刀・絵画・盆など）を引き渡すのである。品物の出納は、将軍の御倉《みくら》の管理を担当する同朋衆《どうぼうしゅう》が行った。彼らは美術品の価格を評価する鑑定眼をもった、いわゆる「目利き」であり、必要な金額に見合う品物を用意したのである。将軍の所蔵品はバザーならぬオークションによって売り立てられることもあって、乏しい現金のかわりに御倉に納められたモノが活用されたのだった。

贈答にともなう無駄は、贈答という行為が当事者の好意や自発性などの、利害や義務とは異なる動機に基づいているために必然的に生まれるものである。「ご自宅用」には不必要な見かけの美しさや細部の贅沢さなど、ある種の過剰な要素が贈り物の楽しみでもあり、無駄と感じられるところでもある。だからといってあまり実用的なものをもらうと、「心がこもっていない」と不満が出る。もっとも実用的でありがたいのは現金だが、よほど高額でもなければ印象に残らないところが弱点だし、贈り物としては品が悪いような気もする。

難しきは贈答だが、室町幕府は、その難しいところを徹底的に合理化し、贈与の財源化を図った。同時に贈与は非人格化し、義務的な負担となり、人々を打算に走らせる。次節では、この段階にいたるまでの中世の贈答事情を検討してみよう。さらに十五世紀以降の日本人にとって、モノの持つ意義がどのように変化していったかを考えていきたい。

八朔とモノの経済圏

八朔《はっさく》の贈答

中世社会において「贈答」が意識されるようになるのは、鎌倉時代後期ごろからである。もちろん親しいあいだがらで、いろいろな品物を贈りあうことは行われていたが、私的な交際の枠を超え、社会的な現象として目立ったものになるのは、「八朔」という八月一日に行われる贈答儀礼が最初といえる。

八朔の起源は当時の人々にとってもはっきりしなかったらしい。初期の段階で史料に見えるのは、『吾妻鏡』宝治元年（一二四七）八月一日条「恒例贈り物のこと、停止すべきの由、諸人に触れらる」や、弘長元年（一二六一）の新制で「八月一日贈事」を停止するように命じたものなどである。幕府がくりかえし禁じたにもかかわらず、八朔は東国では十三世紀半ばごろには一般化していたらしい。京都貴族社会でも、鎌倉時代末には行われていたようで、花園院は元亨《げんこう》二年（一三二二）八月一日の日記に、「諸人進物例のごとし。けだしこれ近古以来の風俗なり。人において無益、国において要にあらず。もっとも止むべきことか」と記している（『花園天皇宸記《しんき》』）。八朔の贈答は「たのみ」「おたのみ」などとも呼ばれていた。もともと田の最初の収穫（初穂《はつほ》）を贈りあう農村儀礼で、「田の実」の意であると、禅僧義堂周信《ぎどうしゅうしん》が蘊蓄を述べている（『空華《くうげ》日用《にちよう》工夫略集《くふうりゃくしゅう》』応安三年〈一三七〇〉八月一日条）。農村起源の風習だから、まず鎌倉でひろまったのだろう。

起源や手続きがあきらかで、政治的・社会的な要請もはっきりしているのに廃れてしまう儀礼は多いが、八朔に関してはまったく逆で、いつのまにか世間で認知され、施政者がくりかえし禁止や縮小を求めたにもかかわらず、どんどん盛大になっていくという経緯をたどった。

八朔のような贈答に先行する行為として「訪《とぶらい》」というものがある。政権や上位者から課される義務としての課役に応じるのではなく、自発的な好意のあらわれとして献金や援助を行うことを意味する。いったん課役に応じてしまうと、それが先例となって将来を拘束することになるが、同じ負担をになうのでも「これは訪である」と断って行えば、相手との力関係が固定されず、むしろこちらの気前の良さを強調して、恩を売る効果があったのである。「訪」にしても八朔にしても、まったく無関係の相手に贈るわけにはいかないので、権力者に贈り物ができるのは特権でもあった。

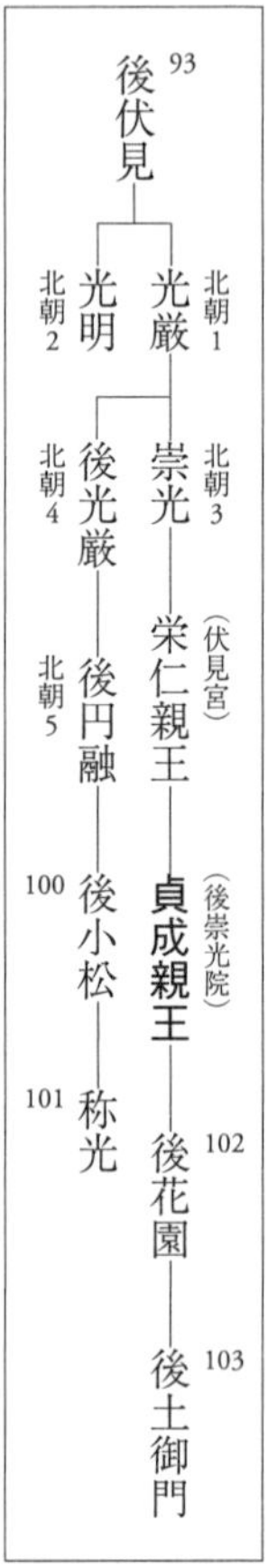

伏見宮家関係系図

　だが「訪」と八朔とで決定的に異なっているのは、前者がいわばもらいっぱなしで、せいぜい感謝の意を示すぐらいだったのに対し、後者は義理がたく返礼が成された点である。そこで、応永年間（一三九四～一四二八）の八朔の詳細を記す史料をみてみよう。伏見宮貞成《さだふさ》親王の日記『看《かん》聞御記《もんぎょき》』応永二十三年（一四一六）八月一日条によると、貞成親王は後小松院に金銅の燭台一対・銚子提《ひさげ》・引合《ひきあわせ》三十帖、将軍足利義持に金銅の燭台一対・銚子提・引合五十帖を贈ったという。引合は紙の種類で、贈答品としてよく用いられた。院からの返礼品は不明だが、将軍からは練貫《ねりぬき》三重・太刀一振がもたらされた（練貫は経糸に生糸、緯糸に練糸を用いた絹織物）。

　貞成親王の贈り物は、金属製品と紙類の組み合わせが多かったが、前者は銅細工の職人に毎年発注して作らせるオリジナルで、凝った飾りをほどこした立派な工芸品だった。一方、引合・杉原等の紙類は、もともと礼物や祝儀品として多用されてきた、いわば汎用品で、相手の格に応じて質や量を加減したと思われる。届けられたものをそのままよそに贈るなど、使いまわしのきく便利な品物だった。また伏見宮家では、家内で双六を行って、八朔の到来物を賞品にしたり、くじ引きで分配したりして楽しんでいる（『看聞御記』応永二十四年八月二十二日条）。

このほか牛や馬の贈答も行われた。応永二十三年の八朔で、貞成が仁和寺の永助《えいじょ》法親王に唐絵一幅と引合三十帖を贈ったところ、お返しとして牛一頭が牽かれてきた。これはそのまま中納言三条公雅への返礼に充てられた（同年八月三・五日条）。また永享三年（一四三一）の、将軍足利義教からの返礼品は練貫三重・太刀一振・鹿毛の馬一頭で、貞成は翌日にはこの馬を願掛けのために石清水八幡宮に奉納している（同年八月三・四日条）。とくに牛や馬を愛好しているのでもなければ、あまりありがたい贈り物ではなかったらしい。世話をする手間を省くために、すぐによそに回したのではないだろうか。八月一日前後には多くの牛や馬があちこち連れまわされたことだろう。ぐるぐる回っているだけで、頭数は意外に少なかったのかもしれない。

愛蔵品と目利き

八朔の贈答は、楽しくもあり、重荷でもありというところだったろうが、不思議なのは、誰もがかなり気を遣って品物を整えているにもかかわらず、贈ったもの、あるいは貰ったものについて、あまり詳しい記述がないことである。とくに、こういうものをもらって嬉しかったとか、気に入ったという感想はほとんど見られない。自分と相手との身分差や力関係に応じた、礼を失しない贈答を行うこと自体が重要で、それぞれの品物の個性や趣向はほとんど認識されていなかったようだ。

そのなかでめずらしい例をあげておこう。応永十三年（一四〇六）、前中納言山科教言《やましなのりとき》の日記にみえるのだが、各方面との八朔の贈答品を記録したなかに、「裏松返し、仙人女絵二幅送り賜う。自愛々々、秘蔵々々」と書かれている。裏松重光から返礼品としてもらった仙女の絵が非常に気に入ったというのである。重光は日野氏の一員で、裏松と称する一家の祖である。姉妹や娘を将軍の室として、公武双方に対して政治的影響力を持つ人物であった。教言は彼と親しく付き合っており、この年の八朔も、自分だけでなく息子の教興・孫の教豊からもそれぞれ物を贈っていた（『教言卿記』同年八月二・五日条）。

さて教言は仙女の絵を金阿弥《きんあみ》という人物に見せて意見を聞いた。「最近日本で描かれたものではないか」ということだった。金阿弥は、山科家の侍女小弁局《こべんのつぼね》の兄で、教言の日記にはしばしば登場する。彼は「墨絵の遁世者」すなわち遁世者の水墨画家で（同記　応永十三年四月二十一日条）、教言の注文に応じて扇に絵などを描いている。彼はまた応永十二年から十三年にかけて明に渡っている。大陸のさまざまな芸術作品・工芸品に接して鑑識眼を養い、作品や画材を仕入れてきたのだろう。これらの輸入品は「唐物《からもの》」と呼ばれて珍重されたのである。金阿弥は教言の要請に応じて、明で太鼓を購ってきており、ほかにも唐墨などを山科家にもたらした（教言は太鼓の代金を支払おうとしたが、金阿弥は「お土産ですから」と言って受け取らなかった（同記　応永十三年七月十三日条〉)。

金阿弥はいわばお宝の鑑定をしたわけだが、残念ながら仙女の絵は、とくに希少性があるものではなかった。おそらく贈答用に作成された作品で、裏松家が発注したか、他家から贈られたのを山科家に回したのだろう。教言も金阿弥ほかの画家たちに、しばしば扇に絵を画くよう注文しており、これらは礼物や祝儀品として活用された。多くの画家(絵師)が贈答用の注文に応じていたと思われるが、作品としての価値が論じられるような例はあまり見ることができない。扇一本に五十文から三〇〇文(五〇〇〇円から三万円程度)が支払われているが、既製品(町物《まちもの》)と注文品(誂物《あつらえもの》)の別、彩色の有無や、絵が描かれるのが片面のみか両面かなどの条件によって価格が定められ、画家のランク付けや芸術性等は問われなかったようである。

モノの経済圏

八朔の贈答には各家がかなりの金額をつぎこんでおり、収穫期と重なることもあって七月から八月にかけては、一年のうちでも経済が大きく動く機会となっていた。ところが永享五年(一四三三)に、永享の山門騒乱といわれる事件が発生する。光聚院猷秀《こうしゅういんゆうしゅう》という有力山徒が幕府要人と癒着して不正を行っていると比叡山延暦寺が訴え、幕府と同寺とが武力衝突をまじえた非常に険悪な関係におちいったのである。山門は同年七月から馬借《ばしゃく》を動員して京都の内外で圧力をかけるという戦法に出た。馬借は、馬で物資を運ぶ運送業者で、組織力・機動力に富み、土一揆の中心勢力ともなった人々である。彼らは大津・坂本・淀など交通の要衝を本拠とし、水運によって届けられた物資を馬に積みかえて京都に運び入れていた。このたびは山門に扇動されて、京都周辺の交通や物流を遮断し、都の経済封鎖を企てたのである。

収穫期に荘園からの物資が入ってこないということで、京都の人々は難渋した。何が一番困ったかというと、八朔の資金繰りができなかったのである。非常時だから贈答はやめようという発想はなかった。彼らにしてみれば非常時だからこそ、恒例の行事や儀礼を粛々とこなして、秩序感を演出することが大事である。「黒衣の宰相」と呼ばれ、幕府の黒幕として政治を動かした醍醐寺の三宝院満済《まんさい》は、土倉《どそう》（室町時代の金融業者。質物等を収めるために耐火性の高い土塗りの蔵をかまえていたことから、こう呼ばれた）から三〇〇〇貫を借り入れた（『満済准后日記』永享五年閏七月十一日条）。現代の三〇〇〇万円ほどに相当する。永享三年に将軍の御所を造営した際に、各国の守護が負担した金額が一国あたり三〇〇〇貫ほどであったが（このような守護の負担は「守護出銭《しゅっせん》」と呼ばれ、幕府への自発的な協力の体裁をとってさしだされる、「訪」の系譜をひく献金であった）、それと同額を贈答費用として準備したのである。

さて満済は権力もあり、幕府の信頼も厚かったから三〇〇〇貫の借金が可能だったが、貞成親王はそうはいかなかった。閏七月も末になって、彼は後小松院に相談し、質物として銀蒔絵をほどこした剣二振を賜った。伏見宮家ではこれを換金して贈答品を整えたが、なにぶん時間が迫っていたため、オリジナル品をあつらえる余裕は無かったようである。後花園天皇には「白玉《しらたま》」という銘をもつ琵琶を贈った。これは応永十八年（一四一一）四月に貞成親王の父栄仁《よしひと》親王が菊亭公行《きくていきんゆき》に琵琶の秘曲伝授を行った際に、公行から礼物として贈られたものだった。貞成は琵琶を学び始めたころから「白玉」を使っており、しばらく修理に出していたのだが、ちょうど前月の二十八日に手許に戻ってきていたのである。後小松院には三種の品物を贈ったが、そのなかには双紙二帖が含まれていた。紀長谷雄《きのはせお》（承和十二〈八四五〉～延喜十二〈九一二〉年）の詩文集で、伏見宮家の「累代秘蔵物」だったという。貞成は「計会によって古物を取り出す。比興なり」、すなわち「とりこんでいたので古いものでまにあわせた。不本意である」と述べた後、「だが、このような双紙を八朔に贈るのは先例があることだ」と自分で自分にいいわけしている。現代人の感覚では、「白玉」や紀長谷雄集などのほうがよほど価値があるように思えるのだが、貞成の価値観は異なっていた。この日のためにわざわざ注文した新作の燭台や花瓶を贈るのが本来のやりかただと考えていたのである。また、貞成は早くも八月十九日には院に借用した剣二振を返却している。院はご機嫌よく、今後も必要なときにはいつでも言ってくれと仰せられた（『看聞御記』永享五年閏七月二十六・二十八日、八月一・十九日条、『伏見宮御所伝音楽書』）。

金に困っているときに、現金ではなく、質物にする品物を融通してもらうことは広く行われていた。山科教言も裏松重光から小盆・香箱・小壺等を用立ててもらい、「今出川アテノ土倉」に預けて十五貫を調達した。家の普請のために必要だったのだという（『教言卿記』応永十二年八月十一日条）。

上記のような品物の融通は、京都政界の上位者・権力者のもとに、贈答に由来するものも含めて、多くの品物が集積されていたために可能だったと考えられる。土倉のほうでも心得ていて、持ち込まれた品物の価値を的確に見分けたのだろう。ただ、これらの品物はけっこう律儀に請け出され、もとの持ち主に返却されたから、それほど厳しく鑑定する必要もなかったのだが。一方で山門騒乱の顚末は、京都政界の高位の人々が手許にまとまった現金を用意しておく習慣がなかったことを物語っている。満済にも貞成親王にも、手持ち資金を取り崩してしのごうという発想はない。必要な場合には、土倉から借り、いきなり借金することが難しければ、有力者から質物を借りて土倉に持ち込んだのである。どのような場合でも、金融業者を通さなければ現金を手にすることは難しかったと考えられる。

第三章では、荘園領主の経済圏と金融業者の経済圏が別々に存在したと述べた。室町時代には多くの所領経営が金融業者の請負にまかされ、荘園領主層にとって荘園の現実味はますます薄れていった。荘園領主の経済圏と金融業者の経済圏は、いまやモノの経済圏と現銭（現金）の経済圏に移行しており、両者が互いに連携することで経済が動いていたといえよう。

モノをめぐる価値意識

蓮華王院の宝物

室町幕府のもとでの贈答品や質物は、格式を演出したり、現金を得るためのいわば記号として機能し、個々の品物の内的な価値をはかろうとする視点は存在しなかったといってよかろう。それぞれの品物は、外面的な条件と換金性のみによってはかられていたのである。それでは、これ以前のモノに対する姿勢はどのようなものだったのだろうか。しばらく時代を遡って検討してみよう。

国宝建築として名高い三十三間堂は、長寛二年（一一六四）に平清盛が後白河院のために創建した蓮華王院という寺院の一部である。当初は本格的な伽藍が展開していたが、建長元年（一二四九）に火災で焼失、第四章で触れたように御家人役で本堂のみを再建した。これが現在の三十三間堂である。本堂の北には宝蔵があって、皇室の宝物が収められ、火災の折にも難を逃れていた。

『古今著聞集』（巻十一画図、四〇〇話）によれば、建久元年（一一九〇）源頼朝がついに入洛を果たした際に、後白河院は宝蔵の絵を取り出して頼朝に見せようとした。「関東にはありがたくこそ侍らめ」（関東にはこんなすばらしいものはないだろうから）と頼朝を誘ったのだが、「君の御秘蔵候御物に、いかでか頼朝が眼をあて候べき」（院が秘蔵しておられる品々を、頼朝ごときがどうして目にすることができましょうか）と断られてしまった。宝蔵に集められた都の文化資源の粋をもって優位を示そうとした後白河院の意図を、頼朝はあっさりとかわしたのである。

宝蔵の中には多くの絵巻物や歌集・楽器等が、番号を打った櫃や手箱に収められ、目録によって管理されていた。貴族たちは適宜これらを借り出して鑑賞したり書写したりしていた。ただしすべてが名品というわけではなく、妙なものも混じっていたらしい。ふたたび『古今著聞集』によれば、「鬼が落としていった帯」とか「変化《へんげ》の法師を刺した太刀」などが収蔵されていたという（巻十七変化、五九九・六〇一話）。前者は承安二年（一一七二）に伊豆国で起きた事件に由来する。南方からの漂着民と思われる人々を、地元の住人らが「鬼」と怖れて争いになったのである。何人もの死傷者を出して、鬼は再び海に帰って行ったが、その際に帯を落としたのだという。住人らは事情を文書に書きとめ、帯とともに伊豆国の国司に差出した。『玉葉』同年七月九日条は、同国から「異形の者があらわれた」という報告がもたらされたことを載せている。また後者は、近江守源仲兼が、淋しい夜道で妖怪変化に襲われ、刀を振るって闘ったところ、確かに手ごたえがあったという話である。こちらは後白河院が顚末を聞いて、妖怪を刺した太刀をお召しになったのだという。

どちらもめったにない話なのはたしかで、国司の都への報告とか、後白河院がお召しになったなど、公の権威によって認定されたうえで宝蔵に収められたところが肝要である。帯も太刀も名品とはほど遠い代物だろうが、品物の価値よりも、それとともに伝えられる公認された物語が喜ばれたのである。人々は荒唐無稽な物語を、それが事実であることを裏付ける記念品とともに楽しんだのではないだろうか。

古いものと新しいもの

伏見宮貞成親王は、前節で述べたように、八朔の贈答に伏見宮家伝来の楽器や双紙を用いるのを少しくうしろめたく感じていた。中世の人々は古いモノと新しいモノとの価値を、どのように認識していたのだろうか。

高台にある神社や寺院などで「かわらけ投げ」という遊びができるところがある。厄除けなどの願をかけて素焼きの土器を投げるのである。また初詣の折に、素焼きの杯でお屠蘇をいただき、そのまま杯を持ち帰れる場合がある。「かわらけ」は釉薬をかけていない簡素な皿形の土器で、酒宴の杯などとして用いられた。焼成温度が低く軟質なので、繰り返しの使用には耐えず、一回ごとに廃棄されるものである。中世の遺跡の中には、大量の土器が廃棄された「かわらけ溜り」が検出されることも多い。もともと土器は祭祀のための器で、神への供物を盛ったり、神事の際の飲食に使われた。無垢で簡素な器は、使用のたびに更新されることで清浄を守り、神前での誓いの一回性を保証する意味を持っていたのである。

清浄簡素をむねとする似たような器として、折敷《おしき》がある。檜のへぎ板（材を薄く剝いで作った板）で作った方形の盆で、この上に食器を載せて食膳として用いる。もともと神への供物を載せるために木の葉を折って用いたのが、へぎ板で作られるようになったのだという。通常は白木のまま使用したが、祝儀等の際には全体に胡粉や緑青で着色したり、文様を描いたりして華やかに仕立てた。また、折敷に深さを持たせ、食物を盛るのに使った折櫃《おりびつ》と呼ばれる器もある。四角形・六角形・円形などさまざまな形があり、現在の折箱に通じるものである。儀式の際には、これに食物を盛って美しく飾り立てる。治承三年（一一七九）の安徳天皇の五十《いそ》日祝《かのいわい》（生後五十日めに行われる祝賀行事）では、表面に銀泥を塗ったうえに、紺青・緑青で鶴や松を描き、四隅には華やかな色の薄様紙を巻いたものを立てて飾った方形の折櫃が数多く並べられた（『山槐記』同年正月六日条）。紙だけではなく、周囲に花や松の枝などをさす場合もあった。ちなみに大正十三年（一九二四）の皇太子裕仁親王（昭和天皇）ご成婚にあたり、披露宴の引出物として配られたボン

大正十三年のボンボニエール
写真提供・扇子忠

ボニエールは、梅と松を描いた折櫃のなかに六角形の重箱を入れ、和紙を飾り折にして敷いて、四隅に松をさしたもので、慶事の際の折櫃の意匠を継承している。

折櫃だけでなく、折敷をアレンジしたへぎ板の器としては、衝重《ついがさね》・三方《さんぽう》・外居《ほかい》などいろいろな形が生まれた。いずれも酒宴等の席では美しく飾られたのだが、鎌倉幕府はこれを過差（贅沢）として禁じる法令を出している（『吾妻鏡』仁治二年〈一二四一〉十二月一日条）。善政を行ったとして廻国伝説が生まれ、謡曲「鉢木《はちのき》」で正義の味方を演ずる執権北条時頼（嘉禄三〈一二二七〉～弘長三〈一二六三〉年）は、自ら銚子と土器を取り出して、小《こ》土器《かわらけ》に味噌の少しついているのだけを肴に酒を飲んだという（『徒然草』二一五段）。幕府要人の暮らしぶりがいかに質素だったかを語る有名な挿話で、鎌倉幕府と贅沢とは非常に相性が悪い。

だが豪華な意匠をほどこしても、所詮はへぎ板の箱だから再利用はできない。質素にしろ過差にしろ、このような一回性、あるいは仮設性は中世的な蕩尽の一面といえる。そしてその場限りとなれば、ときに嘘も生まれる。永和元年（一三七五）の後円融天皇の大嘗会《だいじょうえ》にあたっては多くの器物が作られた。天皇の一世一代の祭祀用だから、もちろんすべて新品でなくてはならない。そのなかの「多志良加《たしらか》」（手を洗うための水を入れる素焼きの甕）を土器づくりの工人に発注したところ、準備期間が短く、とてもまにあわないと断られてしまった。担当の役所である内膳司は仰天し、結局「多志良加」型の木製の器物を作り、表面に土を塗って土器のようにみせかけたという（『大嘗会巳刻次第《みのこく》』）。その場がしのげればいいというか、その場をしのぐことが最も大事なので、このような小細工がされるのである。また、江戸時代の故実書『貞丈雑記《ていじょうざっき》』には、唐瓶子《からへいじ》と呼ばれる徳利について触れた部分がある。本来は金属製の徳利なのだが、木で作って黒塗りにしたものもあったという。金属製の器は「唐めきたる」印象なので唐瓶子という名で呼ばれており、てっとりばやく木で作って、見かけだけ金属のように仕立てる場合があったらしい。

必要が生じるたびに新しく製作し、一回限りの利用とする習慣は、神事にはじまり、饗宴・儀礼などの非日常性を強調する意味を持った。しかし一回性の重視はその反面、器物の素材を偽るような、その場しのぎの方法をも生んでいたのである。

座敷飾りと御物《ぎょぶつ》

南北朝期に勃興した婆娑羅や寄合の思潮は、新しい会合の場を生み出した。佐々木導誉《どうよ》らの婆娑羅大名は、毎日のように集まって茶会を行っていたと『太平記』は語る（巻三十三）。その室礼《しつらい》（室内装飾）は「異国・本朝の重宝を集め、百座の粧《よそおい》をして、皆曲彔《きょくろく》の上に豹・虎の皮を布《し》」くという豪華なものであった。内外の希少な名品で室内を飾り、権勢を示す方法は、将軍が饗応を行う際の座敷飾りに踏襲されていく。そこで珍重されたのが「唐物」と総称される大陸から輸入された美術品・工芸品である。将軍御所への天皇の行幸、将軍の守護大名邸や寺院への御成など、室町時代には多くの饗応・会合の機会が設けられ、政治的合意を形成するのに大きな意義を持った。

永享九年（一四三七）に後花園天皇が六代将軍足利義教の御所に行幸した際の室礼は『室町殿行幸御餝記』として能阿弥《のうあみ》によって記録された。「橋立之御間」「南御間」ほか二十六におよぶ部屋の押板・書院・違棚《ちがいだな》等に数知れず飾り付けられた絵画・三具足《みつぐそく》（燭台・香炉・華瓶《けびょう》）・盆・食籠《じきろう》・硯などを書き上げたものである。このような室礼の作法は、三代将軍義満以来、武家儀礼の形成とともに整備され、八代将軍義政の治世に一定の完成をみる。

『室町殿行幸御餝記』をのこした能阿弥は義教・義政の同朋衆で、画家でもあり、連歌や香道に通じ、将軍家伝来の書画骨董の管理・鑑定の担当者だった。室礼の設定にあたっても中心的な役割を果たしたと考えられる。同朋衆は足利将軍の身近に仕えた僧体の人々で、美術工芸や芸能に関わる諸事、将軍家の財物管理、将軍の身辺の雑務などにたずさわる。三代将軍義満のころにおかれたという説が伝わっており、確証はないものの、義満の唐物蒐集や文化面での活動が拡大するにつれ、このような役割の者が必要とされたのだろう。さきに仙女の絵の鑑定者として登場した金阿弥は、彼らの系譜をさきどりする者だったと思われる。

将軍や天皇など高位の人物が所蔵する名品は「御物《ごもつ》」という敬称表現をもって呼ばれた。前述のとおり十五世紀以後の室町将軍は、「御物」を売物として放出し、先代将軍の仏事料などを、現金でなく御物で支払ったりした。このような行為にあたっては、それぞれの品物の価格を査定することが必要となり、同朋衆が美術的価値の鑑定・市場価値の査定を行ったのである。

座敷飾りの作法と道具の鑑定術は、相阿弥《そうあみ》によって永正八年（一五一一）に『君台観左右帳記《くんだいかんそうちょうき》』にまとめられた。将軍家が所蔵する絵画の作者名、茶器や文房具類を列記し、座敷飾りの方法を絵と文章で説明した書物である。前半は唐・宋・元代を中心とする中国の画家の格付け、後半は「飾次第」として押板・書院・違棚それぞれのしつらえ方を示し、次に漆・銅・陶器の道具類について名称や形を解説している。御物の等級が示されるとともに、道具類の形や技法等をあらわす名称や表現が整理され、分類が行われた点に注目したい。同書は、漆工芸品を「剔紅《じっこう》」「堆紅《ついこう》」「堆朱《ついしゅ》」等十二種類に分け、それぞれの色合いや彫の深さ、意匠などの違いを細かく記す。陶器は、抹茶壺として用いられる唐物の小壺を、形や大きさによって「茄子」「驢蹄《ろてい》」「大肩衝《おおかたつき》」「小肩衝」等の十九種類に分類し、図によって特徴を示す。また「小型の香合《こうごう》で絵柄が面白いものは三、四千疋」「曜変天目は天下に類多からぬ重宝で、一万疋」「油滴は曜変よりは数が多いので五千疋」など、価格まで記してあり、骨董商になるための手引書のようでもある。同朋衆とは、礼法家・茶人・骨董商・美術館の学芸員・美術評論家等々の要素を未分化に兼ね備えた役割だったことがうかがわれる。

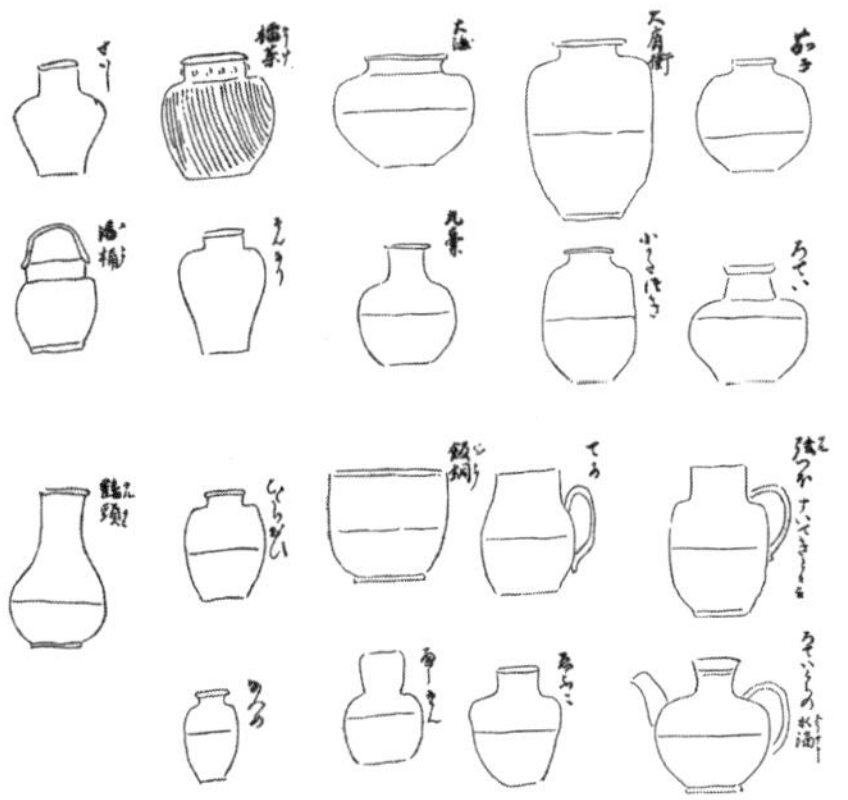

小壺の分類十九種　『君台観左右帳記』
『日本思想大系23』（岩波書店）より

東山御物と名物《めいぶつ》

言葉が整理されることによって、個々の品物をアイデンティファイすることが可能になる。これらの道具類のなかでも、とくに貴重なものは「重宝《じゅうほう》」とよばれ、さらにすぐれたものは銘を付されて「名物」となった。早い例としては『看聞御記』永享二年（一四三〇）四月二十八日条に、足利義教から後小松院に「安計保乃《あけぼの》」という円壺が献上されたこと、『満済准后日記』永享六年二月四日条に、斯波義郷《しばよしさと》が満済への進物として「九重」という葉茶壺に茶を入れて持参したことが見えている。

モノに名前を付けることは、楽器については古くから行われてきた。八朔の進物に困った貞成親王が天皇に贈った琵琶の名前は「白玉」だった。「玄上《げんじょう》」という琵琶はとくに著名で、九世紀に遣唐使藤原貞敏が唐から持ち帰ったものが、朝廷に伝えられ、長年のあいだに数々の伝説に飾られていた。楽器の名物は、素材や各部位の形状・音色などによって区別された。管弦の催しの記録や楽書等のなかでは、それぞれの楽器の特徴が表現豊かに語られ、虚実が混合した来歴が示されている。

ただ楽器そのものの管理が厳密に成されていない場合も多く、手許の現物を過去の記録と比べてみると、名前は同じでも、実は別のものだったということもあった。たとえば貞成親王は永享五年に中納言園基秀《そのもとひで》が持参した「木絵《きえ》」という琵琶を実見した（『看聞御記』同年八月二十二日条）。承久二年（一二二〇）に後鳥羽院の御所で行われた琵琶合の記録に「木絵」のことが載っているので（『伏見宮御記録』）、それと同じものかどうか確認したかったのである。音はたいそう好ましく、立派な楽器ではあるが、承久の記録とは甲（胴の部分）の素材が異なるので、名物の「木絵」ではなかろうという結論に達した。基秀はある人が売りに出したものを買ったのだということだった。

楽器以外の名物としては、足利氏に伝わる「小袖《こそで》」という鎧がある。尊氏がこれを着て戦い、その後も将軍の出陣にはこの鎧を入れた唐櫃を身近にともなうのを例とした。源氏の一族に伝わる「源氏八領」と呼ばれる八領の鎧のひとつである。八領のなかでは、「楯無《たてなし》」と名づけられたものが甲斐の武田氏に伝えられ、現存している。

さて重宝・御物・名物など、義満以来の室町将軍の美術品コレクションの集大成が、足利義政の愛蔵品で、後世「東山御物」と呼ばれた品々である。伝徽宗《きそう》皇帝筆「秋景・冬景山水図」、伝牧谿《もっけい》筆「漁村夕照図」ほか、国宝・重要文化財などに認定されて現存する作品も多い。

東山御物を頂点とする名物群は、将軍による売り立てによって放出され、茶の湯の発展とその政治利用という風潮の中で重要性を増した。戦国大名たちは争ってこれらを蒐集したが、戦乱のなかで持ち主は次々と替わっていった。『山上宗二記』によれば、「つくも茄子」という天下一の名物の茶入は以下のような運命をたどった。まず村田珠光《じゅこう》に見いだされて義政の御物となり、その後越前朝倉氏が五〇〇貫で買い、さらに同国の小袖屋という商人が千貫で買い取った。越前国内の情勢が不穏になったため、小袖屋が京都の袋屋に預け、天文法華の乱〈天文五年〈一五三六〉〉で一時行方不明となり、松永久秀が見つけ出して二十年ほど所持したのち、織田信長に献上した。そして本能寺の変で焼失したというのである。ただし、『山上宗二記』の所伝とは異なり、「つくも茄子」は豊臣家に伝わり、大坂夏の陣で大坂城とともに火に呑まれたが、焼け跡から探し出されたという。明治時代にはいって三菱財閥の岩崎弥之助の所有となり、現在では静嘉堂《せいかどう》文庫美術館に所蔵されている。『山上宗二記』の記述だけでも「つくも茄子」がたどった数奇な運命は十分魅力的だが、この物語は近代以降も続いていたのである。このような由緒がともなうことによって、名物の価値はさらに増し、現在にいたるまで多くの人々を惹きつけるものになっている。『山上宗二記』がいちいち価格を示すのは、天下一の名物の説明としては興ざめなようだが、国宝や重要文化財の指定があるわけではない状況では、作品の価値をもっとも直截にあらわす意味を持ったのだろう。

織豊政権期には、織田信長・豊臣秀吉の名物蒐集、臣下への下賜などを通じた政治的利用など重要な展開があるが、それらについては竹本千鶴氏の『織豊期の茶会と政治』に詳しいので参照していただきたい。東山御物の変転は政治史や経済史のみならず、文化史・美術史等さまざまな分野と関連し、私たちが「日本文化」と呼ぶものの源流を成している。

茶入 付藻茄子　静嘉堂文庫美術館蔵

今日の私たちのモノに対する評価・価値観は、室町時代から戦国時代、織豊政権期にかけての御物・名物の形成やそれらの社会における受容の進展を土台として形成されてきたものである。土器や折敷・折櫃等の使い捨ての器物は、金属・陶器等の耐久性のある唐物に替わる。それらは格式や権威・礼節をあらわすために飾られ、一方で現金と交換される記号、あるいは商品として利用された。唐物の重視とともに、個々の品物を分類し、特徴を叙述する言葉が生み出された。室町将軍家から戦国大名に時代の主役が替わるころには、それらの品物は名前と独自の価値を獲得し、それぞれの由緒来歴、ドラマや物語をまとうにいたったのである。

蕩尽の文化は後退し、普遍的な価値を見極められ、選ばれたモノは、権力や美意識の表象として、求められ愛蔵され賞玩される。わがものとして所有することと一体化した名物との関係は、美術館で美術品を鑑賞するようなきれいごとではなく、もっと直接的で、実存的な性格をそなえていたであろう。そして今日の私たちの、さまざまなモノに対する価値意識――欲求や欲望、感嘆や憧れなどは、まさにここから始まったのである。

おわりに

蓬萊山の鶴亀からつくも茄子まで、院政の開始から統一政権の萌芽まで、中世の富と生産をめぐるずいぶんと長い旅をしてきた。ほぼ四〇〇年の年月を一望したことになるが、最後に大きな流れをまとめておこう。

日本の中世は、院政を主宰する「院」が権力を独占し、そこに全国の富が流れ込むという、たいそうはなばなしい形ではじまった。十一世紀半ばから十二世紀末、すなわち院政の開始から鎌倉幕府の成立にいたる過程は、政治・経済・自然いずれの面においても過激ともいえるエネルギーに満ちた、日本史上でも特筆すべき変動の時代といえるだろう。

諸国を治めるために現地に下った受領たちは、それぞれの任国からより多くの収奪を試みる。彼らが地方で掘り起して中央へと運んだ富は、院によって大規模な寺院や、贅沢な法会へと形を変えた。過剰と蕩尽に覆い尽くされ、京の都はバブル景気に沸いたのだったが、そのあとを襲ったのは、大地震と天候不順、飢餓や疫病という、当時の人々には全く抗しようのない災害であった。一方で、荘園公領制の成立という生産構造の変化は、多くの対立を生み、ここに武力が持ち込まれることによって、対立は武力衝突となり、さらに蕩尽の最たるものである戦争へと発展したのである。「日本国の乱逆」の最初である保元の乱は、ほんの数時間の戦闘にすぎなかったが、武力行使はまたたくまに通常の政治手段となった。源氏と平氏による全国的な内乱を経て誕生した武家政権は、大小さまざまの戦いを繰り返しながら前進していく。

受領やその配下で実務を担当する目代のもとでは、財貨を徴収・蓄積・運用する仕組みが形づくられていった。地方と都とを結ぶ財貨の流れは、藤原信西によって効率化され、さらに平清盛が中世の物流の基盤となる体制を整備した。だが十二世紀末の平氏の滅亡後、経済の主体は政権担当者から民間の金融業者や山僧・神人らに移り、彼ら独自の経済圏が形成される。「金は天下のまわりもの」というが、経済を主体的にまわす役割は、この「金融業者の経済圏」にまかされたのである。一方で、諸国の知行国主や荘園の上級領主となる支配者層は、積極的な「財政」の構築という課題について無策という以上に、ほとんど無自覚だった。だが、荘園公領制という生産の基本構造が社会で共有され認知されている限りは、またそれに代わるあらたな体制が見いだされない限りは、彼らは既存の体系をいわば切り売りしながら食いつなぐことが可能であり、荘園領主の経済圏と金融業者の経済圏とが互いに支えあい、表裏を成す体制が維持されたのである。

十二世紀末に生まれた新しい政権である鎌倉幕府では、御家人どうしの横の関係、所領や従者を支配する縦の関係の両方において、武士たちは粗暴にして直情的な段階にとどまっており、暴力的な人身支配と恐怖による服従が、民衆を疲弊させていた。ただし、支配する者とされる者とのあいだには、生理に根差した心情的な相互依存が垣間見られ、そのために決定的な衝突や緊張関係にいたることはなかったと考えられる。御家人達もまた、幕府から課される負担を担わなければならないという点では、支配される者であることを免れなかった。これらの負担は複雑な金融操作を経て細分化され、より下位の者へと転嫁され、零細な金融業者や、御家人配下の実務担当者など多くの人々を巻きこみ、苛む構造ができあがっていた。

第四章でとりあげた、千葉氏配下の事務担当者長専は、大量の書状や借用書を作成し、借金取りと交渉するなど、主人が御家人としての責務を全うできるよう、縦横に奔走していた。文書作成や金融操作に見られる彼の技能は、受領の活動に淵源を持ち、中世を通じて発展・普及したものである。文書使用の一般化にともなって、文書の現物主義ともいうべき、文書に対する道義心やリテラシーが育くまれていった。権力や支配の所在があきらかでない中世社会にあって、現に存在する文書に対する律儀さは、社会に通底する価値観として大きな意義を持ったといえる。

十三世紀後半には、力をつけた荘園の荘官などが、地域の有力者を組織して交通の要衝や物流の拠点を中心に広域に活動する「悪党」が登場する。悪党は金融や商業活動を展開するとともに、武力によって他荘を侵略するなど、既存の体制を脅かし、そこから逸脱する存在だった。彼らは支配層の力と、被支配層の成長との結節点に位置し、その実力と資金力で、より下位の者へと向かう負の連鎖に楔をうちこみ得る可能性を持っていた。一方で、派手な生活ぶりをみせつけ、暴力に走る姿は、過剰と蕩尽が彼らの行動の中に再現されているかのようである。だが彼らの力は、またも戦争という形に収斂した。

十四世紀、鎌倉幕府の滅亡と南北朝の内乱という長きにわたる混乱は、明徳三年（一三九二）の南北朝の合一を経ても、完全に解消されるにはいたらなかった。室町幕府は地域勢力の成長のなかで生き延びるために、ミニマムな体制を整えなければならなかったのである。贈与のルール化、美術・工芸品の換金など、荘園領主の経済圏と金融業者の経済圏は、十五世紀にいたって「モノの経済圏」と「現銭の経済圏」に姿を変えた。この体制のなかでモノは現銭の代替物として、右から左に流されていったが、鑑定のために生み出された分類や表現は、次第に個々のモノの独自性を描き出す言葉となる。とくに優れた品には名前が付されるようになり、十六世紀の茶の湯の大成とともに、これらの「名物」は統一政権の主宰者の権威の証となり、臣下への下賜品として政治の道具とされたのである。茶道具の名品は、近世・近代を通じて大名や政治家、豪商や財閥に愛玩され、その系譜は現代にまで通じている。モノに対する意識の変化は、社会が蕩尽と消耗から脱却し、再生産体制の構築へと向う動きと連動している。

豊臣秀吉の一代記『大かうさまくんきのうち』は、次のように語る。

太閤秀吉公御出世より此かた、日本国々に金銀山野にわきいで、そのうへ、高麗・琉球・南蛮の綾羅錦繡・金襴・錦紗、ありとあらゆる唐土・天竺の名物、われもわれもと、珍奇のその数をつくし、上覧にそなへたてまつり、まことに宝の山をつむに似たり。むかしは、黄金をまれにも拝見申す事これなし。当時はいかなる田夫野人にいたるまで、金銀沢山に持ちあつかはずといふものなし。

第一章でとりあげた「黄金の中山に、鶴と亀とは物語り」の過剰な富の世界が、十六世紀になってふたたびあらわれたのである。この時代に湧き出た金銀は、戦国大名による鉱山の開発、採掘技術や精錬技術の発展に由来する。それまでの産金が東北地方を中心とする砂金採取だったのにくらべ、坑道掘と鉱石の精錬による採取は、収量の飛躍的な増加をもたらしたのである。戦国大名らは競って金銀の獲得につとめ、軍備や領国経営の充実をはかった。良質の鉱山は垂涎の的となり、石見銀山は数十年間にわたって、大内・尼子・毛利等の諸氏の争奪の対象となった。秀吉は天正年間（一五七三〜九二）に「天正大判」ほかの金銀貨幣を鋳造し、また太閤分銅金を造らせて大量に備蓄した。秀吉の貨幣は売買取引のためというよりも、贈答や臣下への褒賞に用いられるものだったが、江戸時代以降の貨幣鋳造・貨幣経済の発展の基盤となったことはまちがいない。

金銀の大量産出・貴金属貨幣の出現は戦国時代以降の新しい現象である。日本の中世は独自の鋳造貨幣を持たず、中国から輸入した銅銭のみを通貨として用いるというきわめて特徴的な体制をとっていた。信頼性や利便性に欠ける通貨の不在は経済構造をも規定し、文書による契約や取引の発達、支配者層における蓄財・蓄積という概念の希薄さなどを生んだのである。貨幣の特質のひとつに、その匿名性がある。お金に名前を書くことができないように、モノの経済圏で貨幣の代わりに用いられた工芸品は、一定の金額をあらわす匿名の符牒・記号として機能した。独自の名前を付された「名物」の一般化が、金銀の大量産出と時を同じくしているのは偶然ではない。貨幣としての役割を金銀がひきうけたからこそ、すぐれた工芸品の個性や独自性を鑑賞する視点が見いだされ、語る言葉が案出されたのだ。「金ではかることのできない」あるいは「金には換えられない」美術品・骨董品に対する価値意識は、ここからはじまったのである。

中世に生きる人々は、蕩尽を創造の起動力とすると同時に、蕩尽によって喰い荒らされていた。戦国の世から統一政権への歩みは、前近代史上最も大規模な戦争―蕩尽の時代だったが、このたびの蕩尽は消耗戦に終わるのではなく、生産と蓄積、発展と成長というあらたな富の活路を見いだした。統一政権のもと、蕩尽は支配者の管理に服し、人心を掌握し、社会の秩序を確保するための手段として用いられることになろう。近代と異なる構造を持った前近代は退き、ここに近代を準備するための前近代がはじまる。新しい構造のなかで創造力の源泉はどこに求められるのか。社会の「呪われた部分」は滅じたのだろうか。蕩尽から脱する闘いと挫折の繰り返しである日本中世の歩みは、世界がふたたび消耗戦に向かっているように見える今日において、きわめて示唆的である。

参考文献

はじめに

G・バタイユ『呪われた部分』（生田耕作訳　二見書房、一九七三　原著は一九四九年刊）
『呪われた部分　有用性の限界』（中山元訳　ちくま学芸文庫、二〇〇三）
本郷恵子「公家と武家」（網野善彦ほか編『岩波講座　天皇と王権を考える2　統治と権力』所収、岩波書店、二〇〇二）

第一章

新日本古典文学大系56『梁塵秘抄　閑吟集　狂言歌謡』（岩波書店、一九九三）
五味文彦『梁塵秘抄のうたと絵』（文春新書、二〇〇二）
植木朝子『梁塵秘抄の世界―中世を映す歌謡―』（角川選書、二〇〇九）
佐々木恵介『受領と地方社会』（日本史リブレット　山川出版社、二〇〇四）

第二章

戸田芳実「院政期北陸の国司と国衙―医心方裏文書をめぐって―」（楠瀬勝編『日本の前近代と北陸社会』所収、思文閣出版、一九八九）
山本信吉・瀬戸薫「史料紹介　半井家本『医心方』紙背文書について」（『加能史料研究』4、一九八九）

瀬戸薫「半井家本『医心方』紙背文書とその周辺―善勝寺流藤原氏を中心に―」(『加能史料研究』4、一九八九)
安原功「院政期加賀国における院勢力の展開と在地社会―『医心方』紙背文書の一考察―」(『ヒストリア』136、一九九二)
大石直正「平安時代後期の徴税機構と荘園制―解体期の封戸制度―」(『東北学院大学論集　歴史学・地理学』1、一九七〇)
川本龍市「切下文に関する基礎的研究」(『史学研究』178、一九八八)
勝山清次『中世年貢制成立史の研究』(塙書房、一九九五)
佐藤泰弘『日本中世の黎明』(京都大学学術出版会、二〇〇一)
上島享『日本中世社会の形成と王権』(名古屋大学出版会、二〇一〇)
五味文彦『院政期社会の研究』(山川出版社、一九八四)
『人物叢書　平清盛』(吉川弘文館、一九九九)
『平家物語、史と説話』(平凡社ライブラリー、二〇一一)

第三章

宇佐美龍夫『最新版　日本被害地震総覧』(東京大学出版会、二〇〇三)
西山昭仁「元暦二年(1185)京都地震の被害実態と地震直後の動静」(『歴史地震』14、一九九八)
山本武夫『気候の語る日本の歴史』(そしえて、一九七六)
石井進『中世のかたち』(中央公論新社、二〇〇二)
荒川秀俊『飢饉』(教育社、一九七九)

三木紀人校注『新潮日本古典集成　方丈記　発心集』（新潮社、一九七六）
岩佐美代子『文机談全注釈』（笠間書院、二〇〇七）
外山信司「鎌倉時代の東氏―東国武士の歌の家―」（『千葉県史研究第11号別冊　中世の房総、そして関東』、二〇〇三）
都築響一『HAPPY VICTIMS　着倒れ方丈記』（青幻舎、二〇〇八）
五味文彦『「徒然草」の歴史学』（朝日選書、一九九七）

第四章

千葉県史料研究財団編『千葉県の歴史　資料編　中世2（県内文書1）』（千葉県、一九九七）
石井進『中世を読み解く―古文書入門―』（東京大学出版会、一九九〇）
「『日蓮遺文紙背文書』の世界―『双紙要文』紙背文書を中心に―」（小川信編『中世古文書の世界』所収、吉川弘文館、一九九一）
井上聡「鎌倉時代中期の千葉氏―法橋長専の周辺―」（『千葉県史研究』創刊号、一九九三）
「御家人と荘園公領制」（五味文彦編『日本の時代史8　京・鎌倉の王権』所収、吉川弘文館、二〇〇三）
野口実「了行とその周辺」（『東方学報　京都』73、二〇〇一）
「東国出身僧の在京活動と入宋・渡元―武士論の視点から―」（『鎌倉遺文研究』25、二〇一〇）
「鎌倉時代における下総千葉寺由縁の学僧たちの活動―了行・道源に関する訂正と補遺―」（『京都女子大学宗教・文化研究所　研究紀要』24、二〇一一）
牧野和夫「宋版一切経補刻葉に見える『下州千葉寺了行』の周辺」（『東方学報　京都』73、二〇〇一）

湯浅治久「鎌倉中期における千葉氏の経済構造に関する一考察―『日蓮遺文紙背文書』の借上を中心に―」(『千葉県史研究第11号別冊　中世の房総、そして関東』、二〇〇三)
「鎌倉時代の千葉氏と武蔵国豊島郡千束郷」(同氏『中世東国の地域社会史』所収、岩田書院、二〇〇五)
「『御家人経済』の展開と地域経済圏の成立―千葉氏を事例として―」(五味文彦編『交流・物流・越境―中世都市研究11―』所収、新人物往来社、二〇〇五)
佐々木紀一「法橋長専のこと」(『国語国文』681・682、一九九一)
大谷由香「新出資料　金剛輪寺蔵　知礼述『観音玄義科』」(『南都仏教』92、二〇〇八)
菅野文夫「本券と手継―中世前期における土地証文の性格―」(『日本史研究』284、一九八六)
本郷恵子「鎌倉期の撫民思想について」(鎌倉遺文研究会編『鎌倉遺文研究Ⅲ　鎌倉期社会と史料論』所収、東京堂出版、二〇〇二)

第五章

山陰加春夫「『悪党』に関する基礎的考察」(『日本史研究』178、一九七七)
『中世寺院と「悪党」』(清文堂出版、二〇〇六)
近藤成一「悪党召し捕りの構造」(永原慶二編『中世の発見』所収、吉川弘文館、一九九三)
悪党研究会編『悪党と内乱』(岩田書院、二〇〇五)
櫻井彦『悪党と地域社会の研究』(校倉書房、二〇〇六)
相生市史編纂専門委員会編『相生市史』第一巻(兵庫県相生市・相生市教育委員会、一九八四)
海老名尚・福田豊彦「『田中穣氏旧蔵典籍古文書』『六条八幡宮造営注文』について」(『国立歴史民俗博物

館研究報告』45、一九九二）
佐藤進一・網野善彦・笠松宏至『日本中世史を見直す』（平凡社ライブラリー、一九九九）
網野善彦『異形の王権』（平凡社ライブラリー、一九九三）

第六章

桜井英治『日本中世の経済構造』（岩波書店、一九九六）
「日本中世の贈与について」（『思想』887、一九九八）
「『御物』の経済―室町幕府財政における贈与と商業―」（『国立歴史民俗博物館研究報告』92、二〇〇二）
「足利義満と中世の経済」（『ZEAMI』4、二〇〇七）
『贈与の歴史学―儀礼と経済のあいだ―』（中公新書、二〇一一）
関周一「唐物の流通と消費」（『国立歴史民俗博物館研究報告』92、二〇〇二）
遠藤基郎「中世における扶助的贈与と収取―トブラヒ（訪）をめぐって―」（『歴史学研究』636、一九九二）
扇子忠『皇室の饗宴とボンボニエール』（思文閣出版、二〇〇五）
辻惟雄編『「かざり」の日本文化』（角川書店、一九九八）
神津朝夫『山上宗二記入門―茶の湯秘伝書と茶人宗二―』（角川学芸出版、二〇〇七）
『茶の湯の歴史』（角川選書、二〇〇九）
竹本千鶴『織豊期の茶会と政治』（思文閣出版、二〇〇六）
林屋辰三郎編『日本思想大系23　古代中世芸術論』（岩波書店、一九七三）

荒川正明「宴のうつわ―『造り物』から『やきもの』へ―」(小野正敏ほか編『宴の中世―場・かわらけ・権力―』所収、高志書院、二〇〇八)
本郷恵子「八朔の経済効果」(『日本歴史』630、二〇〇〇)
「中世における政務運営と諸官司の空間」(高橋昌明編『院政期の内裏・大内裏と院御所』所収、文理閣、二〇〇六)
『物語の舞台を歩く　古今著聞集』(山川出版社、二〇一〇)
『将軍権力の発見』(講談社選書メチエ、二〇一〇)

あとがき

『HAPPY VICTIMS　着倒れ方丈記』（都築響一、青幻舎、二〇〇八）という凄い写真集がある。特定のブランドのお洋服が好きでたまらなくて、買い続け、着続けている人たちの部屋を訪ね、手持ちのお洋服を全部ひろげてもらって撮影したものである。みんなとくにお金持ちというわけではなく、普通に働いて自活している人たちで、「衣食住」の「衣」の分野に収入の大部分をつぎこんでいる。ワンルームマンションとか木造アパートの、ベッドやテーブルが置いてある室内に、大量のジャケットやワンピースがぶらさがり、シャツやセーターが広げられ、靴やバッグがあふれかえる、ものすさまじい光景が次から次へと登場するのである。築三十年風呂なしアパートの日に焼けた畳の上に、エルメスのオレンジ色のパッケージが並んでいたり、両親と住む千葉の一戸建ての自室が、百万円近いゴージャスなドレスでいっぱいだったり、方丈の住まいの扉を開けると、そこは異空間。彼らは「住」だけでなく「衣食住」の「食」もタイトで、「ほとんど自炊で、職場にもお弁当を持っていく」とか、そもそも食べることにあまり興味がないような人も多い。熱愛するお洋服の手入れを欠かさず、収納に気を配り、お掃除もいきとどいている。大いなる物欲にはちがいないが、それを支える徹底したストイシズムが感じられるのだ。『徒然草』のいう「大欲は無欲に似たり」ならぬ、「大欲の陰に禁欲あり」である。

私も狭い部屋にいろいろなものを貯めこんでいるが、欲しいものの方向性を絞り込めないので、異空間とはいかず、だらしないだけである。要はシアワセになりたいのだが、何を手に入れれば、あるいは捨てれば良いのか見当がつかず、たいへん切ない。先日、文庫本専用の収納ケースなるものを通信販売で購入し、積みっぱなしだった本を整理してみた。片付いたところで最初に頭に浮かんだのは、「これでもっと買える」。もちろん状況は悪化の一途をたどっている。

部屋と同様、頭の中も散らかり放題になっている。うろ覚えの史料をひっくり返し、思いつきをかき集めて、なんとかできあがったのが本書である。結局のところ私が論じたかったのは、人間や社会についてまわる矛盾や不条理なのだと思う。多義性と言い換えることもできるだろう。枝葉や袋小路が多く、整然たる道筋で結論に向うようにはなっていないが、それはそのまま現実世界を反映しているということでご容赦いただきたい。日本の中世社会は、都合の良いモデルで説明することのできない、絶え間ない問題提起である。これを丸ごと感受し、考え抜いていくことが、今日の世界を理解することにも通じるという認識を共有していただければと願っている。

二〇一一年十一月二十七日

本郷　恵子

新潮選書

蕩尽《とうじん》する中世《ちゅうせい》

著　者………………本郷恵子《ほんごうけいこ》

発　行………………2012年 1 月25日

発行者………………佐藤隆信
発行所………………株式会社新潮社
〒162-8711 東京都新宿区矢来町71
電話　編集部 03-3266-5411
読者係 03-3266-5111
http://www.shinchosha.co.jp
印刷所………………錦明印刷株式会社
製本所………………株式会社大進堂

乱丁・落丁本は、ご面倒ですが小社読者係宛お送り下さい。送料小社負担にてお取替えいたします。
価格はカバーに表示してあります。

ISBN978-4-10-603696-5 C0321

歴史を考えるヒント　網野善彦

「日本」という国名はいつ誰が決めたのか。その意味は？　関東、関西、手形、自然などの言葉を通して、「多様な日本社会」の歴史と文化を平明に語る。《新潮選書》

武士道と日本型能力主義　笠谷和比古

厳格な身分社会と思われていた江戸時代に、家臣が藩主を更迭したり、下級武士が抜擢される能力主義が機能していた。日本型企業のルーツを探る組織論。《新潮選書》

西行と清盛　時代を拓いた二人　五味文彦

一一一八年生まれの二人の男。中世を代表する同い年の歌僧と武士は、十二世紀の日本をいかに生き、あらたな時代の文化と政治をどう拓こうとしたのか。《新潮選書》

進化考古学の大冒険　松木武彦

私たちの祖先はなぜ土器に美を求め、農耕とともに戦争を始め、巨大な古墳を造ったのか？　モノを分析して「ヒトの心の進化」に迫る、考古学の最先端！《新潮選書》

歴史のなかの未来　山内昌之

決断のとき、人は過去に学ぶものだ――。古典から現代小説まで、人生の糧となる書物の魅力と効用を縦横に語る、〝読み手〟の歴史学者による読書エッセイ。《新潮選書》

お殿様たちの出世　江戸幕府老中への道　山本博文

幕府の最高中枢を握った大名とは――その人選、任務、待遇には、幕政のエッセンスが詰め込まれていた。歴代老中全員の人事から見た画期的江戸政治通史。《新潮選書》